ALEXANDER
FEST
VERLAG

Buch der Autoren

Herbst 2001

Alexander Fest Verlag

Denis Johnson
Engel Roman

Autor und Buch

Als Sohn eines amerikanischen Offiziers wurde Denis Johnson 1949 in München geboren. Den Großteil seiner Kindheit hat er in Tokio und auf den Philippinen verbracht, heute lebt er in Idaho, einem Staat im Nordwesten der Vereinigten Staaten. Nach vier Romanen und der legendären Short-Story-Sammlung ›Jesus' Son‹ gilt er als einer der bedeutendsten Autoren der amerikanischen Gegenwart.

Sein Roman ›Angels‹, der 1983 den damals noch jungen Autor über Nacht bekannt machte, ist zu einem Klassiker der amerikanischen Literatur geworden. Philip Roth, Don DeLillo, Raymond Carver, John Le Carré, Tobias Wolff und viele andere namhafte Autoren haben das Buch gefeiert und vom bedeutendsten Erstling der achtziger Jahre gesprochen; längst zählt die Kritik es zum Kanon der großen Romane Amerikas. Jetzt, da Denis Johnson nach der begeisterten Aufnahme seines Romans ›Schon tot‹ im deutschen Sprachgebiet erstmals breiter zur Kenntnis genommen wird, ist die Zeit gekommen für den Roman, über den Stewart O'Nan geschrieben hat: »›Engel‹ ist eines der Bücher, die man Freunden gibt und sagt: ›Das *mußt* du lesen!‹ So sind mir schon viele Exemplare abhanden gekommen. Dann gehe ich los und kaufe neue.«

›Engel‹ ist ein herzzerreißendes und zutiefst leidenschaftliches Buch. Es erzählt die Geschichte einer verzweifelten Liebe: Jamie, eine junge Frau, verläßt ihren untreuen Mann und steigt mit ihren beiden Kindern in den nächsten Greyhound-Bus, um Zuflucht bei einer Verwandten zu finden. Unter den Fahrgästen ist auch Bill Houston, charmanter Ganove um die Vierzig, Herum-

treiber, verrückter Geschichtenerzähler. Er überredet Jamie, die Fahrt mit ihm in Pittsburgh zu unterbrechen. Zusammen beziehen sie ein Motelzimmer und lassen sich eine Zeitlang treiben, immer von einer Kneipe zur nächsten. Als ihnen das Geld ausgeht, hat Jamie ihr gebrochenes Herz schon an Bill verloren.
So ziehen sie weiter, leben auf der Straße, schlagen sich durch. Als Bill gezwungen ist, endlich wieder zu Geld zu kommen, begeht er einen Überfall. Doch die Situation gerät außer Kontrolle: Er erschießt einen Mann und wird verhaftet.
Und während Bill auf das Todesurteil wartet, will Jamie sich aufgeben. Aber gerade jetzt, am Tiefpunkt ihres Lebens, leuchtet etwas wie Hoffnung auf. Jamie entkommt ihrem Kummer, und Bill erfährt bei seiner Hinrichtung eine tiefe spirituelle Erkenntnis. In einigen blendend hellen Momenten sieht er, was ihm lange verborgen war: den »wohltätigen Plan im Herzen der Dinge«, der da heißt, sich immer zu wandeln und niemals gleichzubleiben.

Aus dem Buch

In der Greyhound-Station Oakland waren alle Menschen Zwerge, und sie schubsten und drängelten, um in den Bus zu gelangen, ja schoben sich sogar an den beiden Nonnen vorbei, die als erste dagewesen waren. Als die beiden Nonnen sich hingesetzt hatten, lächelten sie Miranda und Baby Ellen freundlich zu und spielten Kuckuck hinter ihren Fingern. Aber Jamie konnte spüren, daß sie ihr Make-up zu dick, ihre Hosen zu eng fanden. Sie wußten, daß sie gerade dabei war, ihren Mann zu verlassen, und glaubten sicher, sie würde über kurz oder lang auf dem Strich landen. Sie hätte ihnen gern gesagt, was tatsächlich los war, aber mit Katholiken kann man ja nicht reden. Die kleinere Nonne hielt eine rot leuchtende Schnittrose fest in beiden Händen.
Jamie saß am Fenster, sah hinaus und rauchte eine Kool. Immer noch drängten sich Menschen an der Bustür, Menschen, die sie hoffentlich nie kennenzulernen brauchte – sie kämpften mit verstümmelten Gepäckstücken und Packpapiertüten, und so, wie

sie damit umgingen, hätte man meinen können, die Gesprächsstücke enthielten Gründe für alles, was sie bereut, und die Rechtfertigung für alles, was sie verletzt hatte. Ein Schwarzer im Tweedanzug, einen Strohhut auf dem Kopf, hielt ein Schild für seine abreisenden Verwandten in die Höhe: ›Die SONNE soll in FINSTERNIS und der MOND in BLUT verwandelt werden (Joel 3,4)‹. Unter den gegebenen Umständen fühlte Jamie sich diesem Fremden nah.

Gegen drei Uhr morgens gingen Jamies Augen auf. Scheinwerfer auf einer Autobahnauffahrt kreuzten die fliehende Fahrt ihres Busses und fegten über sie hinweg; in ihrer Erschöpfung meinte sie für einen Moment, der flammende Kopf eines Mannes schösse wie ein Komet durch die schlafende Dunkelheit dieser Reisenden und sie sei die einzige, die davon Zeugnis geben könne. Plötzlich war Miranda wach und plapperte ihr ins Ohr, ganz aufgeregt, weil sie mitten in der Nacht noch auf war.

Jamie schob die Worte des Kindes von sich weg, voller Angst vor der Finsternis, in die der Bus hineinraste, erschrocken, daß sie so schnell von ihrem neuen Leben verschluckt wurde, ja daß es sie womöglich blitzartig verdauen und am anderen Ende in Gestalt einer alten Frau wieder ausspucken würde, die sich vor lauter Benommenheit nicht einmal mehr fragen könnte, wo ihre Jugend geblieben war. Ein paarmal bat sie Miranda, still zu sein, schließlich schliefen das Baby und alle anderen im Bus, vom Fahrer abgesehen, wie sie hoffte – aber Miranda stupste alle paar Sekunden Baby Ellen mit dem Fuß an, weil sie spielen wollte: mitten in Nevada, mitten in der Nacht. »Randy«, sagte Jamie. »Ich bin todmüde, Schätzchen. Bitte weck doch Baby Ellen nicht auf.«

Miranda saß auf ihren Händen und stellte sich schlafend, während sie heimlich Baby Ellen mit dem Fuß anstieß.

»Nimm deinen Fuß da weg, Schätzchen«, sagte Jamie zu ihr. »Ich mach keinen Spaß. Nimm jetzt deinen Fuß weg.«

Miranda gab vor, nichts zu hören, tat so, als zucke ihr Fuß nur im Traum.

»Nimm – deinen – Fuuß – da weg«, flüsterte Jamie wütend, packte sie am Knöchel und schob ihn weg. »Benimm dich jetzt. Oder ich sag dem Fahrer Bescheid, und der setzt dich vor die Tür, der schmeißt dich aus dem Bus, und dann stehst du mitten in der Wüste da draußen. Mitten im Dunkeln, bei den Schlangen. Hörst du?« Erneut stieß sie Mirandas Fuß zur Seite. »Mach mir nichts vor, verdammt, ich seh ganz genau, daß du nicht schläfst!«

Sie starrte wuterfüllt auf Mirandas geschlossene Augen und merkte bald, daß das Kind eingeschlafen war. Die Schwere des Zorns wich der Schwerelosigkeit ihrer Angst, während der Bus in den Schlund hinabsegelte, den die Scheinwerfer bildeten. Sie legte die Hand vors Gesicht und weinte.

Kurz darauf schlief sie ein und träumte von einem Mann, der in einer Giftwolke ertrank. Sie wachte auf und fragte sich, was das gewesen war – ein Traum von ihrem Mann, oder was? – ein Traum von der Vergangenheit, ein Traum von der Zukunft?

Baby Ellen wollte nicht aufhören zu brüllen.

Jamie hielt sie im Arm, suchte mit der freien Hand unter dem Sitz nach der Reisetasche und in der Reisetasche nach Baby Ellens Orangensaft. »Da da da da da«, sagte sie zu Baby Ellen. »Bald hab ich ein Bettchen mit ner Schnur für dich, da können wir deine Spieldose dranhängen, und wenn es Zeit zum Schlafen ist, dann kommen Mama und Miranda zu dir und singen dir was vor, ah, hier ist dein Orangensaft, Gott sei Dank, da da da da da, kleine Baby Ellen, oh, ist das aber ein guter Orangensaft, so ein feiner Orangensaft, so ein feiner, ernsthafter Blick, oh, siehst du die schöne Sonne? Siehst du die Sonne da drüben, Baby Ellen? Das ist bloß ein klitzekleines Stück von der Sonne, aber bald wird Baby Ellen die ganze Sonne sehen, und dann ist der Morgen da, für Baby Ellen und für Mama und für Miranda Sue.« Oakland lag jetzt schon vier Tage hinter ihnen.

Sie fütterte Baby Ellen mit dem Orangensaft und schaute zu, wie die Sonne über den toten Maisfeldern Indianas immer höher stieg. Das Licht, das über die zugefrorenen Teiche und die Reihen abgebrochener, vereister Stengel strich, schlug Jamie schmerz-

haft ins Gesicht. Ihr Mann verkaufte mißmutig Spezialelektronik für Stereoanlagen, um die Familie zu ernähren. Er brütete über seinem Leben, bis es ihm über den Kopf wuchs, zu groß für ihn wurde, so daß er wie verloren darin herumirrte. Warum konnte sie ihm nicht einfach dankbar sein, fragte er sie oft, schließlich dachte er doch schon längst nicht mehr daran, was *er* wollte, und das nur, damit *sie* haben konnte, was *sie* wollte. Sah sie denn nicht, wie alles immer wieder von neuem geschah? So war es doch – und er schlug mit der Faust gegen die Wand, daß der kleine Trailer wackelte – *ein Augenblick geht in den anderen über* … Zweimal hatte er sie fast zu Tode gewürgt, weil es ihn rasend machte, daß sie nicht verstand, worüber er sich beklagte. Und sie verstand es

Scheinwerfer kreuzten die fliehende Fahrt des Busses und fegten über Jamie hinweg; in ihrer Erschöpfung meinte sie, der flammende Kopf eines Mannes schösse wie ein Komet durch die Dunkelheit.

wirklich nicht. Wenn er zu Hause war, schlief er fast ununterbrochen. Nachts weinte er und gestand, daß alles ihm angst machte. Wann immer sie zu ihm hinsah, lag sein Gesicht in seiner Armbeuge, als verstecke er sich vor den Bildern in seinem eigenen Gehirn. Schließlich hatte er alles kaputtgemacht, ihre ganze Ehe. Sie hatte es kommen sehen wie den roten Dienstwagen am Ende eines Güterzugs.

Von Oakland und allem, was als nächstes passieren würde, abgeschnitten, konnte sie es kaum ertragen, den Bus weiterfahren zu lassen, und dachte, wenn er zum Frühstück anhält, steig ich aus und tausch meine Fahrkarte gegen einen Platz im nächsten Bus, der zurück nach Hause fährt, cheerio, all ihr Leute im Greyhound-Land. Er würde überglücklich sein, sie zu sehen, da war sie sicher. Was würde sie sagen? Zahnbürste vergessen, dachte sie bei sich und lächelte. Handtasche vergessen. Lunch liegenlassen. Der Fahrkartenverkäufer würde sie auslachen, daß sie auf halber Strecke umkehren wollte. Hat Ihnen wohl so gut gefallen, daß Sie die Tour gleich noch mal machen wollen, was? Würde er sagen. Ja, ich muß noch mal zurück und links rausgucken, falls ich was Besonderes verpaßt hab. Als der Bus zum Frühstück anhielt, gab Jamie einer Frau Geld dafür, daß sie auf Miranda und Baby Ellen aufpaßte, während sie sich in der Damentoilette wusch. Miranda stellte sich auf eine Tomatensuppenkiste, um am Flipper zu spielen, und ließ sich in einer kleinen Kabine mit Vorhang fotografieren, ihre kleine Schwester auf dem Arm. Jamie und Miranda aßen Cornflakes, Baby Ellen bekam ein Glas Aprikosen-Pfirsich-Mus. Langsam ging ihnen das Geld aus. Die Straße wurde kurvenreicher, das Gelände hügeliger, je näher sie Cleveland kamen.

Drei Reihen hinter ihr, auf der anderen Seite des Gangs, saßen die beiden Nonnen und murmelten, vom Frühstück schläfrig geworden, vor sich hin. Jamie beobachtete sie heimlich, bis ihr klar wurde, daß sie beteten; die kleinere Nonne hatte die leuchtende Schnittrose, die sie in Oakland in der Hand gehalten hatte, mit einem dunklen Rosenkranz vertauscht. Jamie fragte sich, ob

Nonnen jeden Tag nach dem Frühstück beten mußten. Dachten sie, also los, jetzt beten wir, und hatten dabei ein Bildnis vom Angesicht Gottes im Kopf mit seinem weißen Bart, der nachdenklich nickte, während er ihrem Latein lauschte? Und wenn Beten ihr Beruf war, kriegten sie dann auch mal Urlaub? Sie schaute zu Miranda, die mit einem Buntstift breite, gleichmäßige Striche über ein Frauengesicht in der Illustrierten *People* malte, und fragte sich, ob ihr eigenes kleines Mädchen wohl jemals Nonne werden würde, mit einem schwarz-weißen Hut auf ihrem langen Haar. Aber Miranda war ja nicht katholisch. In Oakland waren sie eigentlich gar nichts Richtiges gewesen, vor ihrem Umzug in West-Virginia immerhin Taufschein-Baptisten. In Kalifornien konnte man kein glühender Anhänger seiner Religion sein, denn Kalifornien wimmelte von Atheisten, Birch-Anhängern und Hare Krishnas, und wirklich ernsthaft religiös waren bloß diese Verrückten, die dauernd von der Golden-Gate-Brücke sprangen, wenn die Macht Gottes sie ergriff. Die Taufe schien nur eine Weise von vielen zu sein, sich naß zu machen.
In Kalifornien gab es diese alten Frauen mit dem komischen Blick, die überzeugt waren, daß das Ende der Welt jeden Augenblick bevorstehe oder daß schon bald Außerirdische zum Jüngsten Gericht auf der Erde landen würden. Man konnte wählen zwischen Venusbewohnern oder Marsmenschen oder Jesus Christus oder Leuten mit zwölf Armen und blauer Haut aus Indien. Sodom und Gomorrha waren von einer Atombombe vernichtet worden, die ein Raumschiff abgeworfen hatte.
Jamie hörte lautes Schnarchen, das von der kleineren Nonne kam, die doch beten sollte. Aber Gott hatte das ohnehin alles schon oft genug gehört und machte sich nicht die Mühe, sie aufzuwecken. Von irgendwoher war die leuchtende Rose wieder aufgetaucht. Die Nonne erdrosselte sie im Schlaf mit ihren beiden Händen.

Der Mann, der hinter ihnen saß, hielt sie, das spürte Jamie, für eine Frau auf der Suche nach irgendwelchen Abenteuern. Aber er war ein netter Kerl mit einem freundlichen Grinsen und

Sie wachte auf und fragte sich, was das gewesen war – ein Traum von ihrem Mann, oder was? – ein Traum von der Vergangenheit, ein Traum von der Zukunft?

einem tätowierten Seepferdchen auf dem linken Arm, das Miranda faszinierte. »König Neptun hat mir das geschenkt«, erzählte er ihr, blinzelte Jamie zu und rollte seinen Jackenärmel wieder runter. Und das war alles, was er über seine Tätowierung sagte.

Im Lauf des Vormittags bezog Miranda ihn immer mehr in ihre Aktivitäten ein, und am Nachmittag waren sie bereits dicke Freunde. In seiner Flugzeugtasche hatte er vier Dosen Bier, von denen er eine Jamie anbot. Bei all dem Gedrängel und Geschubse und all der Respektlosigkeit gegenüber Nonnen auf dieser Fahrt war der Platz neben ihm, wie noch ein paar andere, frei geblieben. Sie nahm seine Einladung an, sich neben ihn zu setzen. »Dachte schon, Sie wollten aus dem Bus springen vor ner Weile«, sagte er. »Ich glaub, Ihre Kinder zerren n bißchen an Ihren Nerven.« Er hatte eine Brille aufgesetzt – eine Sonnenbrille mit Silberrand –, so daß er statt Augen zwei Spiegel hatte. In seinem Gesicht sah sie ihr eigenes Gesicht.

Und er trug einen bleistiftdünnen Schnurrbart, der sie einfach krank machte. Ein bißchen Schaum blieb kurz daran hängen, dann leckte er ihn ab. »Ich steig in kein Flugzeug«, sagte er. »Da wird mir speiübel, sogar in den größeren Jets, die von Küste zu Küste donnern. Erst war ich per Anhalter unterwegs, aber dabei wurde mir saukalt.« Er schüttelte seine Bierdose und knackte mit einer raschen Handbewegung den Aluminiumverschluß. »Und so sitze ich jetzt im Bus. Wie Sie ja wahrscheinlich selber sehn«, sagte er.

»Meistens seh ich überhaupt nix selber.« Sie zeigte mit ihrem Stroh's-Bier auf den Sitz vor ihnen, wo Miranda und Baby Ellen eingenickt waren. »Vierundzwanzig Stunden am Tag auf die beiden aufpassen müssen – da würd ja wohl jeder halbblind bei.« Stroh's war, wie sie jetzt bemerkte, das Wort Shorts rückwärts geschrieben. Sie hatte noch nie was von diesem Bier gehört.

»Bin unterwegs nach Pittsburgh, um mir n paar schöne Tage zu machen. Wie in alten Zeiten«, sagte der Mann. »Ich hab mir n bißchen Kohle besorgt, aber außer für Wein, Weib und Gesang geb ich nix aus. Deshalb bin ich auch getrampt.«

»Mannomann«, sagte Jamie, »vierundzwanzig Stunden am Tag, und das jeden einzelnen Tag im Jahr.«

»Tja. Ja, so ist das wohl«, sagte der Mann.

»Bis Miranda achtzehn ist. Dann ist Ellen – was, zwölf? Nein, achtzehn weniger fünf, macht dreizehn. Dreizehn ist sie dann. Also noch mal fünf Jahre, bis Ellen erwachsen ist, macht alles in allem dreiundzwanzig Jahre.«

»Da ham Sie ganz schön was vor sich«, sagte der Mann.

»Aber hallo. Und danach bist du dann ne vertrocknete alte Tasche, und wenn dich jemand fragt: Was haben Sie eigentlich die ganzen Jahre gemacht, hat man keine Ahnung, was man sagen soll. Wie n Eremit. Oder ne Nonne.«

»Sie sollten mal ne Nacht freimachen nächsten Samstag«, sagte der Mann.
Sie überlegte, worauf er hinauswollte, und sah ihn direkt an. Er war an die Vierzig, vielleicht etwas jünger. Sein Haar war gelockt, noch nicht allzu dünn, aber am Ansatz schon ein wenig gelichtet. Unter seiner Western-Jacke, allem Anschein nach für einen Cowboy-Bandleader entworfen, trug er ein weißes T-Shirt. Jetzt zog er, die Bierdose zwischen die Knie geklemmt, die Jacke aus, so daß sie die Schrift auf dem Hemd lesen konnte: »Harrah's-Vegas.« Als er mit dem Daumen seine Panoramasonnenbrille wieder hochschob, verrutschte sein Hemdsärmel, und auf seinem Trizeps kam eine Tätowierung zum Vorschein – eine einzelne nackte Brust, um die sich kelchförmig zwei abgehackte Hände legten. »Lassen Sie mich raten. Ich möchte wetten, Sie heißen Louise.«
»Daneben. Ich heiße Jamie.« Sie spähte in den Rückspiegel, um nach dem Fahrer zu schauen, und fragte sich, ob er die obszöne Tätowierung auf dem Oberarm des Mannes, mit dem sie hier plötzlich die Bank teilte, wohl auch gesehen hatte. Aber sie glaubte, bloß das Ohr des Fahrers zu erkennen und höchstens noch ein Stück seiner Mütze.
»Nervös wegen dem Fahrer da? Der kann nix sehen, Jamie.« Der Mann nahm einen Schluck Bier, ohne sich zu ducken, ohne zu verbergen, was er tat. »Der sieht nix.«
»Woher wissen Sie das? Wo haben Sie Ihre ganzen Weisheiten her?«
»Ich war selber mal Busfahrer. Alles, was man sehen kann, ist, ob einer auf seinem Platz sitzt oder nich. Und das auch nur bei manchen Plätzen. Aber ob die da hinter dir Bier trinken oder Brause, ob die schlafen oder wach sind und was die sonst noch treiben, das könntste ums Verrecken nich sagen.«
Sie beobachteten die Stromleitungen, die in wilder Berg- und Talfahrt an ihnen vorbeisausten, über die Telefonmasten hinweg, die in schnurgeraden Reihen auf den jetzt, in Ohio, immer häufiger bepflanzten Feldern standen, sich vor dem Horizont wie Fächer ausbreiteten und schlagartig zuklappten, wenn sie daran

vorüberfuhren. Der Himmel war nach der Morgendämmerung grau geworden, und die Hügel stemmten sich gegen seine Last; ein paar Wintervögel kreisten im Gleitflug dicht darunter. »Let the boy rock and roll«, summte sie vor sich hin, und auch der Mann summte eine Melodie, hin und wieder ein zischendes Pfeifen dazwischenschiebend.

»Nee. Nee. No, Sir«, sagte der Mann und öffnete mit einem lauten Knall die nächste Dose Bier. Sie sah ihn an, aber er redete nicht weiter, und so wandte sie ihre Augen wieder den Feldern zu, die neben ihnen davoneilten. »Nee, Jamie, das sieht wirklich niemand«, sagte er plötzlich und küßte sie auf die Wange.

Sie schluckte ihr Bier runter. »He – laß das!«

»Laß was?«

»Ich bin verheiratet!«

»Wo ist dein Mann?«

»Zu Hause.«

»Wo ist das?«

»Zu Hause halt. An der nächsten Haltestelle. Er ist in Cincinnati.«

»Dieser Bus fährt nicht nach Cincinnati.«

»Dann holt er uns in Cleveland ab.«

»Ich hab aber gehört, wie du deiner Kleinen vorhin gesagt hast, daß sie ihren Daddy nicht mehr wiedersehen wird.« Er grinste und machte sich noch ein Bier auf. Es zischte laut, und sie zuckte zusammen. Niemand hatte es bemerkt. Die beiden Nonnen ein paar Reihen hinter ihnen schliefen; die eine lehnte am Fenster, die andere hatte den Kopf an ihre Schulter gelegt.
»Na ja«, sagte Jamie, »ich mußte ihn verlassen.«
»Nun werden wir langsam ehrlich.«
»Ehrlich fährt am längsten.«
»Nimm doch noch ein Bier, ehe ich alles allein austrinke.«
»Du hast mir noch nicht mal gesagt, wie du heißt.«
»Bill heiß ich. Bill Houston. Deiner Kleinen da hab ich's verraten, ich dachte, du hättest es gehört.« Er nahm ihre Hand.
»He, ich will das nich«, sagte sie. »Gerade jetzt nich. Reiß dich gefälligst mal zusammen.«
»Ach so, na gut«, sagte er. »Vergiß es. He – hier. Ich hab da was, das gibt deinem Bier den Geschmack von Champagner.« Er holte aus seiner Reisetasche möglichst unauffällig eine Flasche Bourbon zum Vorschein, griff nach ihrem Handgelenk und kippte einen Schluck von dem Whiskey in ihr Bier. »Das gibt ihm n bißchen Farbe. Man nennt das einen Tieflader.« Er tippte sich mit dem Zeigefinger gegen die Nase, rollte mit den Augen und ließ seine Zunge aus einem Mundwinkel hängen. Ziemlich blöd, aber Jamie mußte trotzdem lachen.

Aus dem Amerikanischen von Bettina Abarbanell

Pressestimmen

»Seit Jahren hat mich ein Buch nicht mehr so beeindruckt wie das dieses jungen amerikanischen Autors.« John Le Carré

»›Engel‹ schildert die schäbige Karriere eines amerikanischen Drifters *in einer Prosa von erstaunlicher Kraft und Schönheit. Johnson, nicht anders als Jean Genet, scheint zu wissen, wovon er*

spricht – ein literarisches Meisterwerk. Wir erkennen und finden hier eine neue Stimme.« Philip Roth, The New Yorker

»Mit ›Engel‹ hat Johnson sein herausragendstes Buch geschrieben, einen wilden, aufwühlenden Roman über ein Paar und seine Reise entlang der Abgründe von Liebe und Gewalt.«
New York magazine

»Johnson verdammt seine Figuren nicht, noch verklärt er sie. Seine einzigartige Gabe, darzustellen, was sie im Innersten bewegt, läßt uns eins mit ihnen werden und um ihr Schicksal bangen. Seine Einfühlsamkeit und sprachliche Brillanz bringen jede Seite zum Leuchten.« Booklist

»Von allen Werken Johnsons ist ›Engel‹ der wahrste und tragischste Entwurf. Eine ungeschönte Beschreibung der Kehrseite der amerikanischen Medaille, eine fiebrig-exakte Phänomenologie des Drogenerlebnisses und eine herzzerreißende, an Dostojewski erinnernde Geschichte geistiger Erneuerung im Schatten des Todes: ›Engel‹ ist ein Klassiker der amerikanischen Literatur.«
The Salon.com Reader's Guide to Contemporary Authors

»Johnsons Welt ist schmerzvoll und dunkel, aber nicht ohne Komik – und nicht ohne Hoffnung. Seine Bücher sind keine Repräsentationskunst, wie so viele Romane aus Amerika, die bei uns berühmt werden; deshalb hätte ich gewettet, daß ›Already Dead‹ und ›Angels‹ nie auf deutsch verlegt werden würden. Jetzt gibt es beide, ›Schon tot‹ und ›Engel‹, und erstmals bekommt Johnson hierzulande die Aufmerksamkeit, die er längst verdient hat. Denn er ist der außergewöhnlichste Schriftsteller, den es zur Zeit in Amerika gibt.« Georg M. Oswald

Martina Hefter

Junge Hunde Roman

Autorin und Buch

Als sich Martina Hefter im vergangenen November auf dem Open-Mike in der Berliner LiteraturWERKstatt erstmals der literarischen Öffentlichkeit stellte, erntete sie sogleich Lob. »Ihre Prosa besitzt, was ein guter Text in meinen Augen haben muß: Feinheit und Reife, Eleganz und Konsequenz«, schrieb Terézia Mora, die in der Jury saß. Und wirklich, die Autorin, die 1965 in Pfronten geboren wurde, einem kleinen Ort im Ostallgäu, und seit einigen Jahren in Leipzig lebt, hat mit ihrem Roman ›Junge Hunde‹ ein erstaunlich ausgereiftes, sprachlich fein gearbeitetes, die deutsche Gegenwart mit all ihren Widersprüchen und Gegensätzen wachsam beobachtendes Debüt vorgelegt. Wovon handelt dieses Buch, mit dem Martina Hefter nun endgültig die literarische Bühne betritt?

Ein Tag im August, irgendwann in den Neunzigern. Helen Gruber, gerade mit dem Zug nach Leipzig gekommen, läßt sich in den gepolsterten Sitz eines Taxis fallen. Sie möchte einfach durch die Gegend gefahren werden, bevor sie an einer Aufnahmeprüfung teilnimmt: Die Tänzerin eines mittelmäßigen Berliner Ensembles will Choreographie studieren.

Begeisterung für den Tanzunterricht kommt jedoch nicht auf. Zu nachhaltig durchkreuzt die fremde Stadt Helens Erwartungen, zu merkwürdig, eigenwillig und intensiv scheint sie ihr. Helen lernt die »Enten des Ostens« kennen, sieht einen toten Pitbull feierlich im Karl-Heine-Kanal treiben, wundert sich über die Hundekopfhausschuhe ihres Mitbewohners, eines Studenten der Zahnmedizin aus Bonn, der Ostprodukte meidet, seinen VW-Bus liebt wie eine Frau und in manchen Nächten weint wie ein Kind.

Zur gleichen Zeit sucht jemand nach ihr. Vinz, Taxifahrer mit Geburtsort Karl-Marx-Stadt, ehemaliger Physikstudent ohne festes Lebensziel, hat Helen an jenem Tag herumkutschiert. Und eigentlich war da nichts, woran er sich erinnern könnte: nur eine kurze Begegnung, eine Zigarette und ein paar flüchtige Blicke auf die Frau neben ihm auf dem Beifahrersitz. Trotzdem kann Vinz Helen nicht vergessen. Eindringlich und mit großer Sensibilität erzählt Martina Hefter die einfachste Liebesgeschichte der Welt: Ein Paar sucht sich. Und findet sich auch.

Aus dem Buch

Die Männer mit den Preßlufthämmern waren überall. Der Lärm sammelte sich unter dem Dach der Gleishalle; vielleicht würde es dem Krach nicht standhalten, vielleicht würde die riesige Gleishalle in sich zusammenfallen, als wäre sie aus Streichhölzern gebaut.
Wirklich sicher war man nirgends.
Dieses Gefühl hatte ich schon während der Zugfahrt gehabt. Der Typ, der mir im Abteil gegenübersaß, in seiner Kunststofflederjacke und mit dünnem, über die Ohren reichendem Haar, hätte plötzlich aufstehen, eine Pistole aus der Innenseite seiner Jacke ziehen und um sich ballern können. Ich griff nach dem Handy in meiner Hosentasche und wählte die Nummer meiner Eltern.
Meine Mutter war dran.
Vielleicht komm ich wieder heim, sagte ich.
Hab ich doch gleich gewußt, sagte meine Mutter.
Ohne zu antworten, drückte ich auf die Taste mit dem Symbol fürs Auflegen und steckte das Handy zurück in die Hosentasche. Die Bewegung kam mir unkoordiniert vor, und plötzlich hoffte ich, niemand habe mir zugesehen, und drehte mich um. Mit angehaltenem Atem ging ich vorbei an den Männern mit den Preßlufthämmern.
Die Taxis standen in Zweierreihen auf dem Bahnhofsvorplatz. Ich lief auf den nächstbesten Wagen zu, obwohl ich wußte, daß man immer das erste Taxi in der Reihe nehmen muß.

Können Sie mich ein bißchen herumfahren? Ich schaute durch das geöffnete Fenster der Beifahrertür. Für einen Taxifahrer war der Junge ziemlich schmächtig, er trug ein T-Shirt, auf dem »Nirvana« stand, und hatte lange Haare, die zu einem Zopf gebunden waren. Er konnte nicht älter als Ende Zwanzig sein und keiner von denen, die einen erschossen, das hoffte ich zumindest.

Herumfahren? fragte er und hob die Augenbrauen.

Ja, sagte ich. Einfach durch die Gegend.

Na gut, sagte der Fahrer, und ich sah, daß er Mühe hatte, sich ein Grinsen zu verkneifen. Er beugte sich herüber, stieß die Tür auf, und dabei rutschte der Ärmel seines T-Shirts ein Stück hoch. Er hatte eine in Schwarz gehaltene Tätowierung auf dem rechten Oberarm, eine Sonne, von der sich schlangenförmige Strahlen wanden, und ich überlegte kurz, wie sich so eine Tätowierung auf meinem Arm oder auf meinem Rücken machen würde. Ich ließ mich aufs Polster fallen, und der Beifahrersitz senkte sich mit einem Zischen, als hätte ich mich auf eine defekte Luftmatratze gesetzt. Bestimmt wurde ich rot, doch der Taxifahrer verzog keine Miene, sondern drehte mit einer ruckartigen Bewegung den Zündschlüssel um. Die anderen Taxis hupten, als wir an ihnen vorbeifuhren, der Fahrer zuckte bloß mit den Schultern, ich lächelte. Ich saß so tief in den Polstern des Sitzes, weich und behütet, als wäre ich unsichtbar.

Neu in Leipzig, fragte der Fahrer nach einigen Minuten.

Nur zu Besuch, sagte ich. Der Ärmel seines T-Shirts war noch immer hochgerutscht, und ich spähte aus den Augenwinkeln auf die Sonne mit den gewundenen Strahlen. Der Himmel draußen war grau, manchmal schlugen vereinzelte Regentropfen gegen die Windschutzscheibe, wir fuhren an pastellfarbenen Plattenbauten vorbei. Ich schaute nur kurz hin. Einen Augenblick dachte ich, wie unverschämt es sei, nicht länger hinzusehen.

Ich hatte in zwei Stunden eine Aufnahmeprüfung, und ich wußte, daß ich sie bestehen würde, vielleicht erklärte das alles. An der Leipziger Außenstelle der Gret-Palucca-Schule würde ich später, im Oktober, Choreographie und Tanzpädagogik studieren, allerdings wollten sie die Außenstelle in einem Jahr schließen, und ich hätte nach Dresden umziehen müssen. Ich hatte nicht vor, so lange zu bleiben.

Wir fuhren auf eine Schnellstraße. Der Fahrer schaltete einen Gang höher und starrte auf die Heckscheibe des Vorderwagens. Wir hatten den inneren Teil der Stadt verlassen, Möbelhäuser tauchten am Horizont auf, fensterlose Bunker, die ohne ihre Schriftzüge ausgesehen hätten wie riesige Trafostationen. Es folgten ein paar Siedlungen mit Einfamilienhäusern, Tankstellen und ein McDonald's, dann staubige, zerzauste Felder, auf denen nichts angebaut wurde, und bald waren auch sie verschwunden. Die Landschaft, durch die wir fuhren, glich einer Mondlandschaft, voller Krater und aufgeworfener Erdhügel. Wir rollten an den Lkw auf der Nebenspur vorbei, ich sah hinauf zu den winzigen Fahrerhäuschen und fühlte mich in meinem Sitz wie in einem Bett, klein und warm, und die Mondlandschaft draußen war mir gleichgültig. Ich hätte ewig so fahren können, durch diese Landschaft, unter dem grauen Himmel.

Dann wurde der Verkehr ruhiger. Der Fahrer griff mit einer Hand in seine Jackentasche und holte eine Packung Zigaretten heraus.

Auch eine, fragte er und sah mich von der Seite an.

Ich rauche nicht, sagte ich und wich seinem Blick aus.

In Leipzig rauchen alle, sagte er.

Ich war Tänzerin, sagte ich.

Niemand rauchte so wie Tänzerinnen. Meine alte Ballettlehrerin, die mir die ersten Schritte beigebracht hatte, war mittlerweile bei drei Schachteln Marlboro am Tag. Ich selber hatte vor drei Jahren beides aufgegeben, das Tanzen und das Rauchen, weil ich glaubte, es ginge mir dadurch besser. In den ersten Wochen trank ich vier Liter Diätcola am Tag, und in meinem Mund fühlte sich alles taub an, doch es ging mir nur unwesentlich besser.

Richtig Tänzerin, fragte der Fahrer. Er hatte sich eine Zigarette angezündet.

Na ja, sagte ich. Hinterste Reihe. Man sah mich gar nicht.

Wo, fragte der Fahrer.

Berlin, sagte ich und spürte, wie mir dabei ein Schauer über den Hals lief. Mein Engagement in Berlin, das war drei Jahre her. Damals hatte ich mir schon mal eine Tätowierung gewünscht. Es war die Zeit, als sich in Berlin jeder tätowieren ließ, sogar eine Kollegin aus dem Ensemble war eines Tages mit einem Schmetterling auf der Schulter im Ballettsaal

Einmal, mitten in einer Vorstellung, hatte ich versucht, mir darüber klarzuwerden, was ich gerade tat: sich unentwegt auf einem Bein zu drehen und auf Zehenspitzen zu trippeln. Sofort verlor ich das Gleichgewicht.

aufgetaucht und hatte erzählt, sie habe nun etwas, worüber sie sich den ganzen Tag freuen könne, und ich war beeindruckt gewesen und hatte mir die Adresse des Tattoo-Studios geben lassen. Als ich am Abend nach den Proben nach Hause fuhr, starrte ich in der U-Bahn auf den Oberarm eines dünnen Mannes in weißem Unterhemd, auf einen verblichenen Adler und eine Rose. Die Tätowierungen waren unscharf geworden, die Farben verblaßt, die Ränder in Auflösung begriffen, das Ganze sah irgendwie ungesund aus, und ich überlegte, ob der dünne Mann im Unterhemd sich den ganzen Tag über den Adler und die Rose freute. Zu Hause schloß ich die Wohnungstür auf und fühlte mein Herz schlagen, und nachts lag ich schwitzend im Bett und konnte nicht schlafen, weil ich an Schmetterlinge, Adler und Rosen denken mußte. Vielleicht war dies der Abend, an dem sich alles verändert hatte. Ich wußte nicht, weshalb, aber plötzlich hatte ich keine Lust mehr, in Berlin auf der Bühne zu tanzen. Ich hörte mit dem Rauchen auf, kündigte meinen Vertrag und zog nach Hause zu meinen Eltern, an den Rand der Alpen. Ich hatte geplant, eine Ballettschule zu eröffnen, und dabei vergessen, daß zu Hause alle nur Ski fuhren, sogar im Sommer. Jetzt unterrichtete ich Wirbelsäulengymnastik in einem Fitneßstudio.

Plötzlich drehte der Taxifahrer sich zur Seite, zu mir, streckte den Arm mit der Tätowierung aus und strich mir mit einer langen, schmalen Hand eine Haarsträhne aus dem Gesicht. Ich war nicht überrascht, auch nicht verärgert.

Und jetzt? Der Taxifahrer kurbelte das Fenster herunter und blies Zigarettenqualm nach draußen. Sofort strömte naßkalte Luft durchs Auto.

Nichts, sagte ich.

Das stimmte, obwohl ich gleich eine Aufnahmeprüfung bestehen würde.

Ich kann nicht mehr tanzen, sagte ich. Mir wird immer schlecht, wenn ich tanze.

Der Taxifahrer nahm den Blick von der Straße und sah mich mit einem halbherzigen Lächeln an.

Wirklich, sagte ich. Immer wenn ich ins Training ging, vormit-

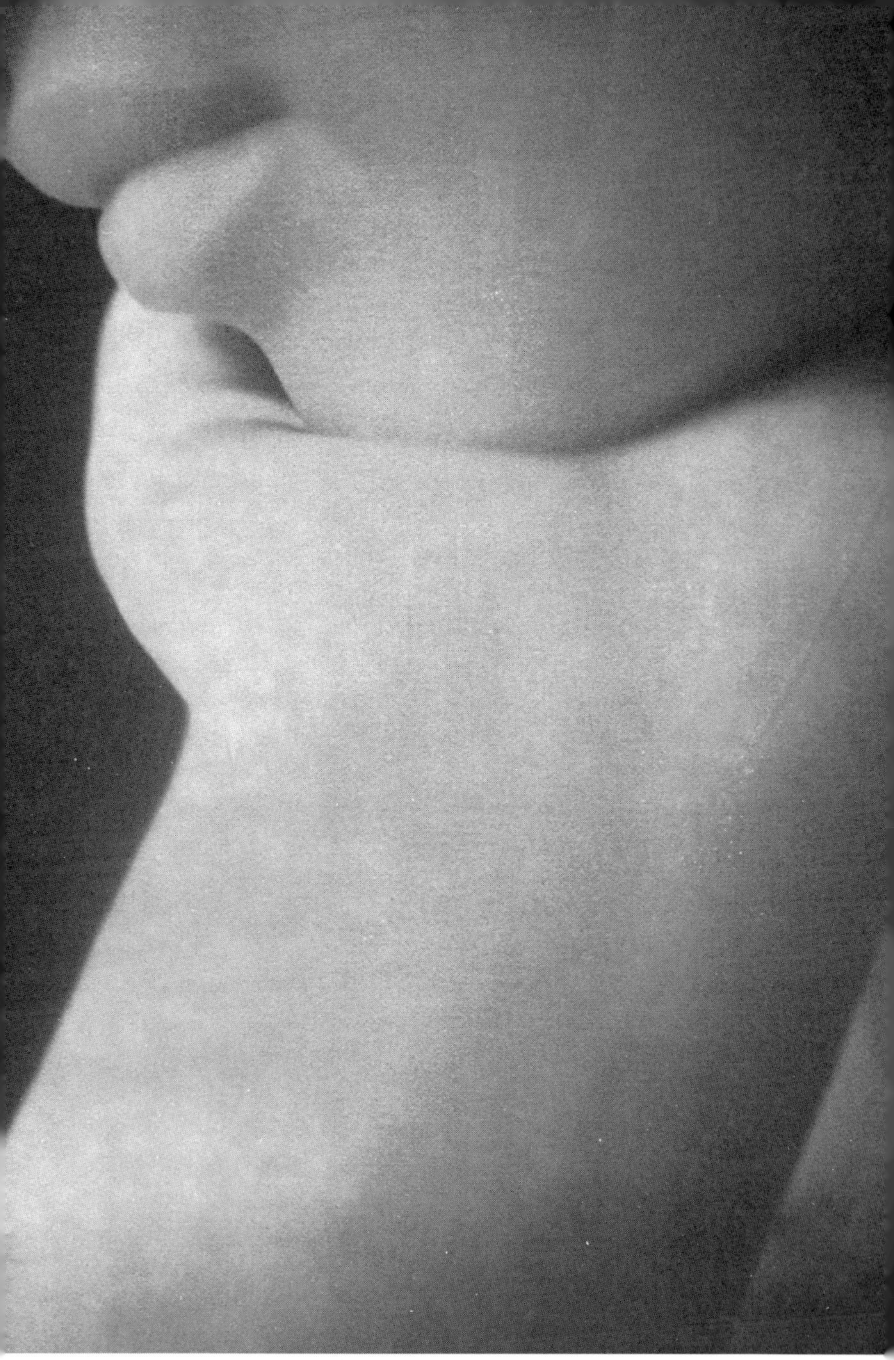

tags um zehn, wurde mir komisch im Bauch. Und wenn ich meine ersten Pliés hinter mir hatte, war mir richtig übel. Am schlimmsten waren die Pirouetten. Mir wurde so schlecht, daß ich auch die einfachste Drehung nicht mehr hinbekam.
Der Fahrer blies den letzten Zug aus seiner Zigarette nach draußen. Er warf die Kippe hinterher und kurbelte das Fenster hoch. Und dann? Er sah wieder geradeaus, auf die Fahrbahn.
Links und rechts von uns breiteten sich flächige, zernarbte Äcker aus, die voller Maulwurfshügel waren, in der Ferne, halb von Bäumen verdeckt, tauchten die ersten, unscharfen Häuser eines Dorfes auf.
Ärzte, sagte ich. Zuerst dachten sie, es sei irgendeine Art von Mangel. Zuwenig Eisen vielleicht. Aber da war nichts. Auch mein Herz war in Ordnung, und meine Lunge. Ich ging dann zum Psychologen, er meinte, es könnte was mit meiner Mutter zu tun haben. Aber das war's nicht. Das war's überhaupt nicht.
Unterdessen hatten wir die Schnellstraße mit den zernarbten Äckern verlassen und das Stadtgebiet wieder erreicht. Häuserruinen tauchten auf, deren Fenster herausgeschlagen waren, das erinnerte mich an manche Plätze in Berlin, abermals fühlte ich einen Schauer über meinen Hals laufen. Der Taxifahrer hatte die Scheibenwischer eingeschaltet, einen Moment konzentrierte ich mich auf ihr monotones Hin und Her. Wie eine Übung an der Stange: hin-her, hin-her. Plötzlich drehte der Taxifahrer sich zur Seite, zu mir, streckte den Arm mit der Tätowierung aus und strich mir mit einer langen, schmalen Hand eine Haarsträhne aus dem Gesicht. Ich war nicht überrascht, auch nicht verärgert. Ich mußte sogar kichern. So ähnlich hatte ich mich gefühlt, als ich das erste und einzige Mal in meinem Leben Hasch geraucht hatte: auf eine Weise leicht, aber so leicht, daß ich gleichzeitig darüber erschrak. Der Fahrer nahm den Blick nicht von der Straße, doch ich wußte, daß er mich aus den Augenwinkeln beobachtete. Es war kalt geworden im Auto, ich drückte meine Knie gegeneinander und preßte die Hände dazwischen. Wirklich sicher war man nirgends.

Mir ist schlecht, sagte ich. Ich glaub, ich muß gleich kotzen.
Etwas im Motor des Mercedes stockte, dann wurde das Fahrgeräusch leiser.
Wir halten, sagte der Fahrer und lenkte das Taxi an den Straßenrand. Unter den Rädern knirschte Kies, dann standen wir, und nur der Motor lief weiter und ließ den Wagen vibrieren, wie ein Schiff, das die Maschinen angeworfen hatte. Keiner von uns machte Anstalten, sich zu bewegen. Wir saßen in unseren Sitzen und starrten durch das Tropfenmuster auf der Windschutzscheibe in den fahlen Himmel. Die Scheibenwischer schwenkten hin und her, als würden sie nie wieder damit aufhören. Ich suchte nach der Anzeige der Taxiuhr. Sie war nicht eingeschaltet.
Besser, fragte der Taxifahrer.
Geht schon, sagte ich.
Was wirst du jetzt machen, fragte der Fahrer.
Ich antwortete nicht gleich. Durch die Stille drängte sich von Zeit zu Zeit das Geräusch eines vorbeifahrenden Autos.
Ich weiß nicht, sagte ich. Bedienen. Ich sah zu ihm hin. Taxi fahren. Wenn er jetzt lachte, könnte ich sicher sein.
Der Taxifahrer lachte. Taxifahren ist gar nicht so einfach, sagte er.
Ich zuckte mit den Schultern, stieg aus und ging von hinten um den Wagen herum. Wir standen wenige Meter vor einer alten Brücke, die von staubigem Gebüsch beinahe vollständig verdeckt war. Direkt neben dem Taxi führte ein schmaler, gepflasterter Pfad von der Straße weg, einen Kanal entlang.
Der Karl-Heine-Kanal, sagte der Taxifahrer durch das geöffnete Fenster. Soll ich wiederkommen?
Ja. In einer halben Stunde.
Ich sah noch mal nach seiner Tätowierung, aber der Ärmel war darübergerutscht, und der Taxifahrer nickte. Bis dann, sagte er und schaltete in den Rückwärtsgang.
Ich nickte, schaute aber nicht mehr zu ihm hin.
Das Wasser im Karl-Heine-Kanal schien nicht zu fließen. Der Weg, der von der Straße abbog, führte ein wenig erhöht am Ufer entlang, es gab ein Geländer, das die Böschung sicherte, und im Was-

ser trieben ein paar Bierdosen auf einem Schaumteppich, der manchmal gegen die andere Seite des Ufers schwappte, dort gelbe Ränder hinterließ. Drüben vom Ruß geschwärzte Häuser. Von ihren Dächern ragten Antennenwälder in den Himmel, wie sie im Westen nirgendwo mehr zu sehen waren. Ein leichter Nebel legte sich über den Kanal, und auf dem Gesicht spürte man winzige Wassertropfen, wie aus einer Sprühflasche. Es roch faulig, aber es war sicher.

Ich lief den Weg zurück, die Regentropfen prasselten auf den Asphalt. Den Motor des Taxis hörte ich trotzdem, selbst als die Straße noch hinter einer Kurve verborgen lag.

Wenn man einsam ist, ist man sicher, an diesen Satz eines Choreographen mußte ich jetzt denken. Der Choreograph hatte wahrscheinlich etwas anderes gemeint als ich, aber ich fand den Satz trotzdem gut. Ich blieb stehen und beugte mich übers Wasser. Auf der dunklen Oberfläche konnte man winzige Strudel erkennen. Von einer Biegung weiter oben im Kanallauf trieb etwas auf mich zu, es sah aus wie ein Schwein, ein weißes Schwein, das auf dem Rücken schwimmt und die Beine in die Luft streckt. Ich wollte genau hinsehen, vielleicht war das falsch. Ich bewegte die Zehen in den Schuhen. Einmal, mitten in einer Vorstellung, hatte ich versucht, mir darüber klarzuwerden, was ich gerade tat: sich unentwegt auf einem Bein zu drehen und auf Zehenspitzen zu trippeln. Sofort verlor ich das Gleichgewicht. Während ich, um eine Orientierung zu gewinnen, versuchte, durch das Scheinwerferlicht in die im Dunkeln verschwimmenden Zuschauerreihen zu sehen, kam ich endgültig aus dem Tritt, verbockte meine Schritte und mußte ein paar Takte lang improvisieren. Ein Glück, daß ich in der hintersten Reihe tanzte.

Das Ding im Wasser war kein Schwein. Es war ein auf die Größe eines Schweins aufgequollener Pitbull. Der Pitbull hatte zu länglichen Schlitzen geschlossene Augen, was seinem Aussehen etwas Friedliches gab, fast so, als lächle er im Schlaf. Niemand würde mir das glauben, wenn ich es später erzählte. Für einen Augenblick vermißte ich den Taxifahrer. In diesem Moment fing es richtig zu regnen an, dick und schwer fielen mir die Tropfen aufs Gesicht, und ich dachte: Wenn ich jetzt weine, wird es keiner sehen. Ich wollte nie wieder tanzen, und trotzdem mußte ich an dieser Aufnahmeprüfung teilnehmen. Ich würde sie bestehen, und dann würden die Probleme erst wirklich beginnen. Ich würde die Aufnahmeprüfung bestehen, und dann könnte ich den Taxiführerschein machen. Ich würde die Aufnahmeprüfung bestehen und könnte es anschließend meinen Eltern erzählen. Eine bestandene Aufnahmeprüfung war nicht das Schlechteste.

Der Pitbull war inzwischen den Kanal hinuntergetrieben, majestätisch, beinahe feierlich. Plötzlich wünschte ich mir, eine brennende Kerze auf seinen Bauch zu stellen. Ausgerechnet ein Pitbull markierte den Beginn meines neuen Lebens. Ich spuckte in den Kanal und sah dem kleinen, dem Pitbull nachtreibenden Schaumfleck hinterher, der nach einigen Metern plötzlich auf der Stelle stehenblieb und in einer Spirale herumtrudelte, bis er wie von einem geheimen Abfluß unter Wasser gezogen wurde.

Ich lief den Weg zurück, die Regentropfen prasselten auf den Asphalt. Den Motor des Taxis hörte ich trotzdem, selbst als die Straße noch hinter einer Kurve verborgen lag.

Stimmen

»Martina Hefters Prosa besitzt, was ein guter Text in meinen Augen haben muß: Feinheit und Reife, Eleganz und Konsequenz. Sie ist sparsam, genau und klar in ihrer Sprache, ehrlich in ihren Gedanken und Gefühlen. Kein Bluff, keine Schummelei. Das macht dieses Buch so zwingend und ›nah‹, so fein und erbarmungslos, so weise und naiv zugleich.«
Terézia Mora

Nikos Kavvadias
Die Wache Roman

Autor und Buch

Nikos Kavvadias, 1910 als Sohn griechischer Eltern in der Mandschurei geboren, hat fast sein ganzes Leben auf den Weltmeeren verbracht. Erst war er Matrose, dann Funker auf griechischen Frachtschiffen. Zugleich schrieb er: Gedichte, Erzählungen und den Roman ›Die Wache‹, der 1954 erschien und in Griechenland ein literarischer Klassiker vom Range eines ›Alexis Sorbas‹ ist. Von seinen Gedichten, die vielfach vertont wurden, heißt es, daß die Kinder sie noch heute auf der Straße singen. Endlich, mehr als ein Vierteljahrhundert nach dem Tod des Autors im Jahr 1975, ist die vertrackte Rechtelage geklärt und steht einer Veröffentlichung dieses großartigen Werkes in Deutschland nichts mehr im Wege.

Der Roman erzählt von einem Schiff, das Ende der vierziger Jahre auf dem Chinesischen Meer unterwegs ist. Ein griechisches Frachtschiff – alt, ramponiert, ohne Radar – auf dem Weg nach Shantou. Es hat Kriegsgerät geladen, das den kommunistischen Kräften in China helfen soll, sich zu etablieren.

Tag und Nacht stehen die Matrosen in den langen Stunden des Wachens auf Deck, Heizer, Funker und Steuermann. Sie reden über das, was ihr Leben ausmacht: die Endlosigkeit der Ozeane, den Seemannsberuf voller Härten und Entbehrungen. Sie reden über den Alkohol, der die Angst und die Einsamkeit betäubt, über Geheimnisse und Verbrechen und, immer wieder, über die Lust. Es sind die Frauen – Ehefrauen, Geliebte, Mütter, Huren –, die ihnen nicht aus dem Kopf gehen, die Liebe und die Sehnsucht nach ihr. Diese Männer, die überall und nirgends zu Hause sind und nichts Schlimmeres kennen als ein Leben an Land, erzählen ungeschminkt und zugleich voller Zärtlichkeit, mit Humor und

Poesie. Es sind zutiefst bewegende, traurige, aber auch überraschende, ungeheuerliche Geschichten über Untreue und Verrat, über verpaßte Chancen und Momente des Glücks, über Emigranten an Bord, die Gestapo, Haschisch und Syphilis. Einmal kommt Sturm auf, breitet sich Nebel aus, dann fährt am Horizont ein anderes Schiff vorbei, werden Haie gesichtet, liegt über dem Meer ein fast überirdisches Leuchten.
Nikos Kavvadias' Roman ›Die Wache‹ ist nicht nur ein Meisterwerk der Literatur, das im Ausland viel zu lange auf seine Entdeckung warten mußte. Es ist außerdem einer der großartigsten, ehrlichsten und eindringlichsten Seefahrtsromane, die jemals geschrieben wurden. Und ein unvergeßliches Buch über Männer, die die Frauen lieben, ist es auch.

Aus dem Buch

Stumme Wellen, hoch und hohl, schlugen gegen den Bug, spritzten über das Backdeck, tollten kurz auf den Planken herum, stürzten dann in die Speigatten. Die *Pytheas* tauchte mit dem Kopf ein und hob ihn wieder. Zwanzig Stunden dauerte dieses Spiel.
Der Bootsmann Vangelis aus Farsa sagte mit seiner rauhen, hochmütigen Stimme zum Steuermann:
»Alles, wie du's befohlen hast. Die Schalkkeile sind fixiert. Ein paar Sturzwellen haben den Prahm gelockert. Den haben wir festgezurrt. Ich habe die Ruderseile nach achtern gebracht. All right. Vollbeladen, und trotzdem schlägt die Schiffsschraube Luft. So was hat's noch nicht gegeben! Und es wird immer stürmischer.«
»Ist gut, Vangelis, leg dich schlafen.«
Ab und zu wetterleuchtete es im Osten.
»Diamandis!«
Er kam näher.
»Weck deinen Onkel, und sag ihm, daß das Wetter Essig ist. Wenn er will, soll er mal hochkommen.«
›Wozu eigentlich?‹ dachte er bei sich. ›Der macht's höchstens noch schlimmer. So ein Schwein, schifft einfach auf die Brücke!‹

Diamandis kam außer Atem hoch. »Käpt'n Gerasimos, er hat gesagt, er kann nicht kommen. Er hat sich eine Wärmflasche auf die Nieren gelegt. Du sollst tun, was du für richtig hältst, und ihm Bescheid geben.«

Stumme Wellen, hoch und hohl, schlugen gegen den Bug, spritzten über das Backdeck, tollten kurz auf den Planken herum, stürzten dann in die Speigatten.

Der Steuermann pustete in das Sprachrohr, das die Kommandobrücke mit dem Maschinenraum verband, und rief dann: »Umdrehungen zurücknehmen! Halbe Kraft!«
Sofort lag das Schiff ruhiger auf dem Wasser. Das Stampfen ließ nach, als wäre das Unwetter plötzlich schwächer geworden. Der

Funker kam hoch. Er mußte sich an die Dunkelheit erst gewöhnen.
»Der Report aus Hongkong. Hier, nimm!«
»Was steht drin?«
»Der Taifun hat die Richtung gewechselt, von Palawan nach Mindoro. So gesehen, ist er weit weg.«
»Soll sich zum Teufel scheren«, murmelte der Steuermann. »Das fehlt uns gerade noch. Haben wir ihm vielleicht ein tüchtiges Schiff entgegenzusetzen? Selbst bei einem nagelneuen kennt das Meer keinen Spaß. Da muß man Knoten draufkriegen, sonst geht's schief. Dieser Pott ist 'n Seelenverkäufer. Vierzig Jahre ist er alt, jetzt ist's reine Glückssache. Hoffen wir mal das Beste. In der Biskaya, vor sechs Monaten, hatten wir Kap Quessant gerade umschifft, da tobte das Meer plötzlich mit dem Wind 'ne Fehde aus. Vier Schiffe sind gesunken, davon zwei neue. Und vorletztes Jahr im Schwarzen Meer hat sich das Wetter ganz unerwartet beruhigt. Ein Nord-Nordost-Wind kam auf, und das war's. Der Sturm hat Mitleid mit uns gehabt, wir wären sonst nicht durchgekommen. 46, im Mai, kaum waren wir in Sydney, wütete der Zyklon in Tasmanien. Entweder tun wir Gott leid, oder der Teufel hat uns vergessen. Doch eins weiß ich ganz genau: Eines Tages gehn wir baden.«
»Ich bin zur Positionsbestimmung gekommen«, unterbrach ihn der Funker.
»Stimmt. Laß uns gehen. Hast du den Funkpeiler kontrolliert?«
»Ja, ist zwar ein altes System, aber es funktioniert noch. Gehen wir.«
Sie gingen in den *charter room.*
»Diamandis, stell dich an den Kompaß, ich ruf dich dann.«
Der Junge nahm die Haube vom Kompaß ab und legte sie zur Seite. Licht fiel auf sein Gesicht, als er sich über den Kompaß beugte. Er war unrasiert und abgemagert, sah angeschlagen aus.
»Einen halben Strich steuerbord, schön langsam.«
»Einen halben Strich steuerbord«, wiederholte Diamandis.
»Noch einen halben. Geh auf Nord-Nordost.«

»Nord-Nordost, liegt an«, antwortete der Rudergänger.
»Immer geradeaus.«
»Immer geradeaus«, sagte auch der Rudergänger.
»Und jetzt, Diamandis, gehst du runter und sagst deinem Saukerl von Onkel, daß wir auf halbe Kraft gedrosselt haben und wieder auf Kurs sind. Und mach zwei Mokka, halbsüß.«
Sie verließen das Ruderhaus und betraten die Steuerbordseite der Kommandobrücke. Der Funker holte seine Zigaretten raus.
»Warte noch mit der Zigarette. Der Mokka soll erst kommen, danach. Weißt du, Nikolas, wo die Seele des Ertrunkenen austritt?«
Der Steuermann lächelte. »Hinten. Meine Mutter hat das zu mir gesagt, als ich sie anflehte, mich gehn zu lassen.«
»Wenn sie es überhaupt schafft, zu entweichen«, gab der Funker zurück. »Jeder Seemann hat seinen Hai. Entkommt er dem, geht's ihm noch schlimmer. Krankenhäuser, dritte Klasse. Korridore, die nach Wischwasser stinken, ein Bett am anderen, Fliegen, die sich auf die Sterbenden setzen. Ich habe Angst vor dem Festland, vor der Erde. Der Meeresboden weit draußen ist sauber. Und wenn dich die Fische schnappen, kennst du sie ja schon; solange du lebst, ißt du sie schließlich auch. Du verstehst schon ...«
Der Steuermann gähnte.
»Ein nettes Thema hast du da am Wickel. Die reinste Totenklage. Erzähl was anderes, damit sich unsere Stimmung bessert. Wenn du verheiratet wärst und Kinder hättest, würdest du alles dransetzen, um heil nach Hause zu kommen, dich an deinen Kindern zu freuen und im Kreis deiner Familie zu sterben. Jetzt sagst du nicht die Wahrheit. Du glaubst doch selber nicht, was du da sagst. Es macht dir nur Spaß, so zu reden. Warst du noch nie verliebt?«
Der Funker ließ sich Zeit mit der Antwort. Er näherte sich der Brückennock und schrieb etwas mit dem Fingernagel auf das beschlagene Fenster.
»Die Wahrheit ist eine Sünde. Sie ist die gröbste, unmenschlichste Form der Lüge. Man sollte nur dann die Wahrheit sagen, wenn man dadurch jemand vor dem Strick retten kann, nur dann.«
»Und, hast du je die Wahrheit sagen müssen?«

»Nur einmal, und ich bezahle heute noch dafür.«
»Und hast du jemand vor dem Strick gerettet?«
»Ich habe meinen Kopf dafür hinhalten müssen.«
»Erzähl.«
»Ich war fünfzehn, ging in die siebte Klasse. Ich war ein Lügner, Puffgänger und ein Dieb. Jeden Nachmittag war ich im Vurla-Viertel. Ich verkaufte ein paar Bücher, klaute Geld aus dem Portemonnaie meines Vaters, schlug mich durch. Damals machte gerade ein Bordell auf, ›Bei Athena‹, in der Nähe des Bahnhofs. Siebzig Drachmen. Siebenmal so teuer wie in Vurla, sogar teurer als bei Archondo. Das waren Mädchen! Eine aus Saloniki, die hatte gerade erst angefangen zu arbeiten. Das Geld konnte ich kaum aufbringen. Es reichte nicht mal für einmal die Woche. Da fiel mir dieser unselige Ring ein, den meine Mutter nie trug. Aus Gold, mit kleinen Diamanten. Ich hatte ihn oft in ihrem Schrank gesehen, in Papier gewickelt, ganz woanders als ihr übriger Schmuck. Nichts leichter, als ihn mitgehen zu lassen. Über die Feiertage hatten wir Ferien. Ich machte mich auf die Suche nach meinem älteren Vetter, der mit allen Wassern gewaschen war, aber ich konnte ihn nirgends finden. Dann ging ich zu einem Pfandleiher. Der schmiß mich raus. Ein anderer wollte mir hundert Drachmen für den Ring geben. Ich spuckte vor ihm aus und haute ab. ›Was soll's‹, dachte ich, ›am Nachmittag werde ich ihn bestimmt los.‹ Als ich die Haustreppe hochstieg, hörte ich Kokos, unseren alten Papagei, eine seiner üblichen Parolen rufen: ›Dieb … Dieb …‹ Ich hörte das nicht zum ersten Mal, aber irgendwie störte es mich in dem Moment besonders. Als ich im Flur ankam, merkte ich sofort, daß ich in der Patsche saß. Meli, unsere damalige Hausangestellte, ein süßes Ding, stand verweint da, ihr Bündel in der Hand. Meine Mutter tobte:
›Wenn du die Wahrheit sagst, passiert dir nichts.‹
Mir war sofort alles klar. Einen

»Ob du dich je verliebt hast, hab ich dich vorhin gefragt.«
»Nein, nicht daß ich wüßte. War immer auf dem Sprung, immer mit einem Koffer in der Hand. Bei mir zu Hause, gleich hinter der Tür, stand immer ein gepackter Seesack.«

Moment schwankte ich. Aber ich war aus dem Alter raus, wo alle Kinder Verbrecher sind. Mit Meli gab es eine Vorgeschichte. Ich war ihr schon öfter auf die Pelle gerückt, aber sie hatte mich abblitzen lassen. Außerdem hatte sie es meiner Mutter gepetzt. Vor ihren Augen hatte ich welche übergebraten gekriegt. Ich haßte sie. Verweint und gerötet, war sie jetzt schöner denn je.

›Was ist los?‹ fragte ich.

›Geh rein und iß‹, sagte meine Mutter.

›Kommt gar nicht in Frage. Sagt mir sofort, was hier vorgeht. Was ist los? Vielleicht weiß ich ja was.‹

Meine Mutter, die Kefalonierin, schaute mich von der Seite an und sagte: ›Ein Ring ist verschwunden. Heute morgen habe ich ihn noch mit eigenen Augen gesehen. In meiner Kammer war niemand außer ihr, sie hat dort geputzt. Und jetzt geh essen.‹

Ich steckte die Hand in meine Westentasche, holte den Ring hervor und hielt ihn zwischen zwei Fingern hoch.

›Hier ist er …‹

Melis Augen, ihre schönen verweinten Augen, wurden groß vor Verwunderung. Die meiner Mutter wurden schmal wie Schlitze.

›Wo hast du den gefunden?‹

Nie werde ich den Klang ihrer Stimme vergessen. Sie war nicht wütend, sie war verzweifelt.

›Ich habe ihn nicht gefunden. Ich habe ihn heute früh weggenommen. Ich habe ihn geklaut und wollte ihn verkaufen. Da.‹

Ich lief in den Flur und prallte gegen meinen Vater, der sich lächelnd über den Bart strich. Mein Vater, der Schmuggler von Laoag, der Kartenspieler von Tianjing, im Alter dann der Krämer von Passalimani, der unbarmherzigste Mensch, den ich kenne, hatte mir in diesem Moment schon verziehen. Mit meiner Mutter blieb die Rechnung offen.«

»Und Meli?«

»Meli … meine Demütigung fand vor ihren Augen in der Waschküche statt. Und obwohl meine Mutter sie zur Unterstützung mitgenommen hatte, schickte sie sie raus, als sie mit mir fertig war, als ob Meli von selbst mitgekommen wäre. Ein paar Tage später, an einem Sonntag, als niemand außer uns beiden zu Hause war, kam Meli ganz dicht an mich heran, als ich gerade las. Ich spürte ihren Atem, er streichelte mich, er brannte auf meiner Haut. Sie roch nach billigem Veilchenparfüm.

›Liest du?‹

›Ja.‹

›Willst du nicht ausgehen?‹

›Nein.‹

›Soll ich bei dir bleiben?‹

›Nein.‹

Sie streichelte mir über den Kopf.

›Wenn du willst, gehe ich auch nicht aus ... Danke für neulich ... Und, falls du irgendwas brauchst ...‹

›Ja, bring mir von Jorgos' Kiosk 'ne *Eva* mit, wenn du zurückkommst.‹

›Sonst noch was, Herr Nikos?‹

›Nein.‹

Und dann ist sie gegangen.«

»Hast du seitdem wieder gestohlen?«

»Ja, oft. Als wir uns in Spanien getrennt haben, habe ich als Aspirant auf einem großen Passagierschiff angeheuert. Ich war verantwortlich für eine Ladung Stückgut. In der Silvesternacht 1930 wurde sie um Mitternacht in Piräus gelöscht. Die Hafenarbeiter zerbrachen eine Kiste mit französischen Weckern. Wir haben uns jeder einen genommen und die Kiste fein säuberlich wieder zugenagelt, samt Metallbändern. Ich steckte meinen Wecker in die Uniform, ging aufs Deck und steuerte auf meine Kabine zu, um die Sachen zu verstauen. Ich hatte nämlich auch noch Schokolade in den Taschen. Die wollte ich einem Mädchen aus Lesbos schenken, Amersa hieß sie. Draußen vor der ersten Klasse unterhielt sich der Kapitän mit dem Supervisor Makris. Sie riefen mich zu sich. Ich blieb mit etwas Abstand stehen.

›Ist Luke drei klar?‹ fragte mich der Supervisor.

›Ja, in diesem Moment‹, antwortete ich. ›Sie machen gerade die Lukendeckel dicht.‹

›Komm doch näher‹, sagte mein Onkel. Habt ihr die Kisten mit den Weckern gut verstaut?‹
›Jawohl, Käpt'n Jorgos.‹
›Gut. Zieh dich um, dann kannst du zu deiner Mutter gehen.‹
Ich atmete auf und wollte verschwinden. Ausgerechnet in diesem Augenblick – keine Ahnung, ob der Teufel mich auf dem Kieker hatte oder die Hafenarbeiter den Wecker zum Spaß aufgezogen hatten – hörte man einen fürchterlichen Krach aus meiner Uniform. Der Wecker. Bevor sie kapierten, was los war, war ich schon auf dem Oberdeck und hatte ihn versteckt.
›Mistkerl‹, sagte mein Onkel, als er meine Kabinentür aufstieß. ›Dieb. Du kannst von Glück reden, daß morgen Neujahr ist.‹«
Gerasimos lachte.
»Glaub mir, den Wecker, achtzehn Jahre ist es jetzt her, den gibt's immer noch, und er tickt und tickt. Und du, hast du schon mal was geklaut?«
»Auch ich habe jede Menge Waren einkassiert, wenn entladen wurde. Einmal habe ich eine Kiste mit braunen englischen Schuhen aufgebrochen. Schweinsleder. Ein Dutzend Paare, glaubte ich jedenfalls. In der Nacht rief ich den Ladungsoffizier zu mir, damit wir halbe-halbe machten. Ich war ganz stolz. Er, ein patentierter Dieb, schüttelte den Kopf und sagte:
›Du Stümper, wie konntest du nur so reinfallen! Das sind alles rechte Schuhe.‹
›Wir finden bestimmt auch die Kiste mit den linken‹, antwortete ich.
Von wegen. Der Packer hatte ganze Arbeit geleistet. Beim nächsten Trip, es ging vom selben Hafen los, luden wir wieder Kisten mit Schuhen. Zum Test holten wir ein paar aus der Versenkung: alles schwarze Schuhe, linke. Der Packer, ein Jude, verteilte die Ladungen an zwei, vielleicht drei Verlader.«
»Pech. Was habt ihr mit den Schuhen gemacht?«
»Wir haben sie an einen aus Piräus verkauft, der sich mit allen möglichen Gelegenheitsarbeiten durchschlug. Zwei Wochen später kam er wieder und wartete draußen auf dem Kai.

›Wenn du wieder mal einzelne Schuhe hast, nehm ich sie dir ab‹, sagte er.
Ich war völlig verdutzt.
›Starr mich nicht so an. Nicht eine Krücke hab ich ausgelassen. Ich bin dahin gegangen, wo sich die Einbeinigen treffen, und in ihren Verein. Alle Einbeinigen hab ich mit Schuhen versorgt und ihnen obendrein 'nen Gefallen damit getan.‹
Die *Pytheas* tauchte sacht in stumme Wellen. Der Sturm schien seine Kraft zu verlieren.
Käptn Gerasimos ging ins Brückenhaus, machte Licht und kam wieder heraus. Dann steckte er sich eine Zigarette an und fragte den Funker:
»Ob du dich je verliebt hast, hab ich dich vorhin gefragt.«
»Nein, nicht daß ich wüßte. War immer auf dem Sprung, immer mit einem Koffer in der Hand. Bei mir zu Hause, gleich hinter der Tür, stand immer ein gepackter Seesack. Ich hatte nie Zeit. Und du?«
»Ich? Mich hat's einmal erwischt. Tut immer noch weh. Wir lagen vier Monate in Saigon fest. Schon am ersten Tag haben sich alle eine geschnappt. Manche haben sie mit aufs Schiff geschleppt, andere sind zu ihnen an Land gegangen. Ein Chinese, ein Kuli, richtete es so ein, daß ich eine kaufen konnte, wie das damals üblich war. Er brachte mich in ein Armenviertel, wo es nach Knoblauch und vergammelten Eiern stank. Das Familienoberhaupt hatte bestimmt sieben Töchter, die Söhne nicht mitgezählt.
›Such dir eine aus‹, sagte er. ›Wenn du einen Jungen willst, brauchst du dich nicht zu schämen. Aber ich rate dir zu der hier.‹ Und er zeigte mir eine dreizehnjährige Göre, dreckig und ungekämmt.
›Laß dich nicht davon abschrecken, wie sie aussieht‹, sagte er, ›in zwei Tagen wird sie hinreißend sein.‹
Dann rief er sie: ›Tao!‹
Die Kleine kam näher, mit gesenktem Kopf. ›Schau dir diese Augen an! … Hier, faß mal an‹, sagte er, ›wie Gummi! Sie braucht nur was zu essen.‹

Ich zahlte fünfzehn Dollar, und wir verschwanden. Ich brachte sie in einen Laden. Dort wurde sie gewaschen und neu eingekleidet. Eine Stunde später nahm ich sie in Empfang. Sie war nicht wiederzuerkennen. Ihr Gesichtchen strahlte. Auf dem Weg zum Schiff hielt sie mich am Jackenzipfel fest und hüpfte, um Schritt zu halten. Unterwegs gingen wir in eine Konditorei. Sie aß die Kuchenstücke mit der Hand und lachte dabei. Inzwischen war es Nacht geworden. Ich feilschte mit einem Straßenhändler um einen Armreif aus Korall, sie suchte sich aber einen Ball und einen Kreisel aus und ließ den Armreif liegen. Als wir auf das Schiff gingen, sah uns Käpt'n Jannis aus Spartia auf Kefalonia, Gott hab ihn selig. Er spuckte gleich zweimal vor mir aus.

›Mistkerle, einen Kindergarten habt ihr aus meinem Schiff gemacht. Jeder von euch zahlt einen Shilling neun pro Tag für das Essen der Mädchen. Merkt euch das. Einen Kanister Petroleum haben sie heute schon vergeudet, nur um sie zu entlausen‹, sagte er zum Ersten Maschinisten. ›Saubande.‹

Als wir uns in die Koje legten, kapierte ich, daß die Kleine zum ersten Mal mit einem Mann mitgegangen war. Sie preßte den Handrücken auf die Augen. Ihre Zähne knirschten – ich weiß nicht, vielleicht verhalten sich alle so beim ersten Mal, mir ist das jedenfalls nicht wieder untergekommen –, und mit der anderen Hand nestelte sie nervös an dem Kreuz herum, das ich auf meiner Brust hängen hatte.

›Warum weinst du, Tao?‹ fragte ich sie in gebrochenem Englisch.

›*No ... No Sorr... Go on ... Please put on the light.*‹

Immer stand sie vor dem Morgengrauen auf, kochte mir Tee, polierte meine Schuhe und räumte anschließend die Kajüte auf. Sie kannte weder Bug noch Heck. Dafür hatte sie kochen gelernt. Stell dir vor, daß Käpt'n Jannis, das Tier, ihr Bonbons und glasierte Äpfel von draußen mitbrachte. Die anderen Mädchen waren faul und dreckig, lagen den ganzen Tag in den Kajüten oder am Bug rum

Wir lagen vier Monate in Saigon fest. Schon am ersten Tag haben sich alle eine Frau geschnappt. Manche haben sie mit aufs Schiff geschleppt, andere sind zu ihnen an Land gegangen.

und kratzten sich zwischen den Beinen. Wir hatten eine Heuer für Bordeaux. Plötzlich sah sie, wie die anderen Mädchen ihre Aussteuer einpackten und mit mürrischen Gesichtern die Gangway runtergingen. Schon am Vorabend hatte ich versucht, es ihr schonend beizubringen. Die ganze Nacht lang hatte sie geweint. Ich hatte das Recht, sie mitzunehmen, schließlich hatte ich sie ja gekauft. Aber der Kapitän wollte nichts davon hören. Und wohin hätte ich sie auch mitnehmen sollen? Ich hatte gerade erst mein Patent bekommen. Und meine Mutter, die duldete so was nicht. Ich sprach mit dem Kuli, der sie mir vermittelt hatte.
›Wegen so was machst du dir Gedanken?‹ fragte er mit einem verschlagenen Lächeln. ›Du kannst sie im Handumdrehen an ein Bordell verkaufen und kriegst dein Geld wieder raus.‹
Mir lief ein Schauder über den Rücken.
›Oder bring sie nach Hause. Am besten läßt du sie an der Mole stehen, dann kann sie selbst entscheiden.‹
Am Nachmittag befahl ich ihr, sich anzuziehen. Sie schlüpfte in ihre europäische Kleidung, ein grünes Kostüm, Stöckelschuhe, und los ging's. Schweiß rann ihr von der Stirn. Ununterbrochen knirschte sie mit den Zähnen, wie damals, in der ersten Nacht. Die Rikscha hielt vor ihrer Hütte. Plötzlich griff sie nach meiner Hand und drückte sie ganz fest ... In der Tür zögerte sie und sah die dreckige Gasse hinunter. Dann gingen wir hinein. Der Alte sah uns böse an. Wir zerrissen den Kaufvertrag, mir fiel auf, wie sie nervös mit den Papierschnipseln spielte. Da hätte ich eigentlich gehen müssen. Aber ich stand stumm da, und meine Beine fühlten sich schwer an wie Blei. Tao war auf die Knie gefallen und hielt meine Jacke fest ... Bevor ich dann um die Ecke bog, hörte ich noch ein Geräusch, wie einen falschen Geigenstrich, als ob der Wind die Segel zerfetzt. Ich fing an zu rennen. Etwa zwei Meilen. In der Catinat-Straße, bei dem Laden mit dem Schmuck und dem Spielzeug, blieb ich stehen. Ich hielt mich an einem Pfosten fest und übergab mich. ›*Cholera ... Cholera*‹, schrien ein paar Chinesen und rannten weg.
Am nächsten Tag stachen wir in See. Oft bin ich nach Saigon

zurückgekommen. Der Kuli war gestorben. Die Gegend, wo sie gewohnt hatte, war zu einem Park mit einer französischen Schule geworden. Kein Bordell, kein Kabarett, keinen Club, keine Opiumhöhle hab ich ausgelassen, überall hab ich nach ihr gesucht. Nichts. Nur ihr Weinen kommt mich nachts besuchen.«

Aus dem Neugriechischen von Maria Petersen

Pressestimmen

»All die Geheimnisse, die in diesem überwältigenden Schiffsjournal preisgegeben werden, sind von unerhörter Kraft. Ein explosives Gemisch aus Conrad und Brecht, Cendrars, Genet und Duras, in dem einzelne Motive durcheinandergewirbelt werden und die homerische Mythologie der Ozeane wie unter einem Mörser in Stücke fällt – nur um, am Ende der Reise, die schwache, dünne Stimme eines Menschen erklingen zu lassen, die aus dem Nirgendwo kommt und deshalb universell ist.«
Libération

»Dieses Buch, das ist die Reise ans Ende des Meeres.« Le Figaro

»Die Geschichten, die dieser überfällige und kraftvolle Roman ein bißchen wie in Tausendundeiner Nacht aneinanderreiht, driften ganz ruhig auf das Unwahrscheinliche zu. Die zeitgenössische Empfindsamkeit verleiht dieser Bewegung größte Modernität.«
La Quinzaine littéraire

»Die teils grausamen, furchterregenden, teils strahlend schönen, in einer schimmernden Sprache geschriebenen Geschichten erzählen von harten Männern genauso wie von der Stimmung der Morgendämmerung. Dies alles ist wie bei Lowry, nur mit einem Gutteil mehr Handlung. Das Buch läßt nicht los. Keinen einzigen Moment, das garantiere ich. Eine Seltenheit. Auf einmal zu verschlingen. Und in mehreren Exemplaren zu kaufen. Für Ihre Freunde.« La Tribune de Genève

Jochen Missfeldt

Gespiegelter Himmel

Roman

Autor und Buch

Jochen Missfeldt, der 1941 in Satrup bei Schleswig geboren wurde und heute in Nordfriesland lebt, war zunächst Fliegeroffizier bei der Luftwaffe und studierte dann Musikwissenschaft und Philosophie. Er veröffentlichte mehrere Prosa- und Lyrikbände, Opernspiele und ein Kinderbuch. 1989 erschien sein Roman ›Solsbüll‹, der begeistert aufgenommen wurde. Im ›Norddeutschen Rundfunk‹ hieß es dazu etwa: »Dieser Roman ist so reich an Geschichten und Geschichte, an Geruchs-, Gesichts- und Geschmacksstoffen, an plastischen Figuren, drallen Gefühlen, scharfen Gedanken, daß ein weniger spendabler Autor glatt fünf daraus gemacht hätte. Ein beachtenswertes Gegenstück zum regionalen Nachbarroman ›Deutschstunde‹ von Siegfried Lenz.« Jochen Missfeldts neuer Roman ›Gespiegelter Himmel‹ nimmt Landschaft, Themen und Figuren auf, die ›Solsbüll‹ eingeführt hat, geht aber, sprachlich und thematisch, weit darüber hinaus. Wovon handelt er?
Gustav Hasse, das Abitur gerade in der Tasche, will Flieger werden. Nicht von Segelflugzeugen, auch nicht von Sportmaschinen, sondern von den »Titanvögeln« der Bundeswehr. Stationiert am Flughafen in der Nähe seines schleswig-holsteinischen Heimatortes Solsbüll, tritt er 1962 den Dienst an.
Roswitha, sein früheres Kindermädchen, geht ihm nicht aus dem Kopf. In langen Nächten im Kasernenbett, auf Wache, im Flugzeug über den Wolken: da denkt er an sie. Eines Tages muß er mit ansehen, wie sich sein Vorgesetzter Heinrich Zürndorfer erst an Roswitha, dann an Susanne, Hasses zweite Liebe, heranmacht. Es dauert nicht lange, bis beide Frauen für ihn verloren sind: Sie erwarten von Zürndorfer ein Kind.

Da verändert ein Flugunfall, an dem Hasse nicht unbeteiligt ist, Zürndorfers Leben. Auf Weisung kümmert sich Hasse um den, den er auf dem Gewissen hat. Und der so lange sein Rivale war. Eingebettet in die schleswig-holsteinische Landschaft, ihren weiten Himmel, ihre Winde, ihre von Wasser umgrenzten Flächen, erzählt Jochen Missfeldts epischer, großer Roman die Geschichte zweier Männer, die dieselben Frauen lieben und durch ein tragisches Schicksal aneinandergekettet sind. Sein ›Gespiegelter Himmel‹, anrührend, poetisch und geschichtenreich, ist erzählerisch und sprachlich der größte Faust-Roman seit Thomas Manns ›Doktor Faustus‹ und Hans Wollschlägers ›Herzgewächsen‹.

Aus dem Buch

»Roswitha stammt aus Andersheim«, so sprach Roswitha mit Schalk im Nacken. Sie stammte nicht aus Gandersheim, sondern aus Joachimsthal in Brandenburg. Von daher kamen die Hasses. Ende Mai 45 stand sie in Solsbüll-Mühle vor der Hasse-Haustür; eine rotblonde Sechzehnjährige. *Tante Lotte,* ihre Mutter, war gerade auf dem Weg nach Westen in der Nähe von Bad Oldesloe untergekommen; die Gutsverwaltung Tralau stellte sie als Wirtschafterin und Hausdame für die adeligen Herrschaften ein.

Roswitha kam den beiden Hasse-Frauen gerade recht. Sie sollte Gret und Grets Mutter Anne im Hebammenhaus helfen und das vierjährige Waisenkind Gustav unter ihre Fittiche nehmen. Gustav war Gret und Anne in die Hand gedrückt worden, nachdem seine Mutter 1943 in der *Hölle von Hamburg* verbrannt war.

Gustav war sofort begeistert von Roswithas gutem Geruch: Sommersprossen und Kernseife, diese Mischung. Er mochte ihr rotblondes Haar. Als drei Wochen Hagel, Schnee und Regen in der Luft waren, steckte er sich mit Keuchhusten an. Dicke Wolken zogen schnell, immer die Solsbüller Au entlang, Richtung Ostsee. Mehrere Frühlingsgewitter krachten herunter. Während Großmutter Anne ihren Enkel in eine Wolldecke wickelte und seinen Husten dicht ans Fenster hielt, damit er sich in der elektri-

schen Luft bei Donner und Blitz gesund huste und nicht so viel Hustensaft verbrauche, hatte Roswitha ein anderes Verfahren: »Bleib schön im Bett.« Sie legte ihm zwei Wolldecken über die Bettdecke, sagte: »Bald bist du gesund«, und gab ihm einen Extralöffel Hustensaft.
Gret sagte: »Eine Wolldecke genügt«, zog die obere weg, faltete sie zusammen, wie sie es von ihrem gefallenen Bruder Gustav gelernt hatte, der das Wolldecke-Zusammenfalten wiederum bei den Soldaten gelernt hatte, und legte sie auf den Stuhl vor dem Krankenbett. Draußen plarrte Gewitterregen aufs Dach, lief in die Dachrinnen, weiter, weiter in die Fallrohre und verschwand in der Erde. Auf der Terrasse glänzten die Buntsandsteinplatten. Vor dem Haus glänzten die Stämme und Äste der fünf Linden im Regen.
Nach dem strengen Winter kam Gustav Ostern 47 in die Schule. Roswitha begleitete ihn an seinem ersten Schultag. Wie eine Mutter stand sie unter den Müttern vorn am Lehrerpult und sah ihn in der letzten Reihe. Gustav hatte sie in der Nase, ihren Bubikopf hatte er im Auge. Da gab es nichts zu weinen. Hans Siemsen saß neben ihm. Deutscher, der lange Lulatsch, saß eine Bank vor ihm. In der ersten Reihe hockte zur Feier des Einschulungstages die vierjährige Susanne Rosenbaum neben ihrem Bruder Joachim.
Die ersten Sommerferien verbrachte Roswitha mit Gustav in List auf Sylt. Gret und ihr Dauerverehrer Hannes Hansen fuhren die jungen Sommerfrischler im grünen, schön nach Benzin riechenden Opel zum Niebüller Bahnhof. Warum waren die beiden nicht verheiratet? Warum hatten sie keine Kinder?
STIMME: Gret ist tabu. Die gehört mir nicht angerührt!
Hannes Hansen trug den großen, mit braunen Holzleisten verstärkten Pappkoffer durch die Bahnhofshalle, die Treppe zur Unterführung runter und schließlich die Treppe zum Bahnsteig wieder rauf. Als der Zug einfuhr und Gustav neben der Lokomotive im Dampf stand und neuen Geruch in die Nase bekam, sagte Gret zu Roswitha: »Daß du mir auf den Jungen aufpaßt.«

»Das wird sie«, sagte Hannes Hansen. Der Zug fuhr über den Hindenburgdamm. Von schäumender Nordsee, die Roswitha auf Ansichtskarten gesehen haben wollte, konnte keine Rede sein: tiefste Ebbe. Das Watt glänzte in der Sonne. »Nordsee, Mordsee, was bist du doch bloß für eine Wüste«, heulte und stampfte der Zug, unvergeßlich. Roswitha ließ das Fenster halb runter und genehmigte Gustavs Haarschopf eine Brise Fahrtwind. Sie stand dicht hinter ihm und hielt ihn mit beiden Händen an der Schulter fest. Mit seiner Dampf- und Meerluft fing sich der Fahrtwind bei Roswitha, Kopf und Kleid leiteten ihn um; mit neuem Geruch strömte er wieder an Gustavs Nase vorbei.
ROSWITHA: »Wasser tut gut. Da kann mir jeder Berg gestohlen bleiben.«
Schöne Ferien, wie man's nimmt. Gleich nachdem Roswitha die Zimmertür geschlossen hatte, hob Gustav die Nase und schnupperte. »Geräucherte Makrelen«, sagte Roswitha. Ihre Vermieter, die alteingesessene Sylter Tischler-Familie Klonhammer, betrieben nebenher eine Fischräucherei. Roswitha beugte die Knie, saß in der Hocke und zog Gustav heran. Gustav mochte nicht herangezogen werden, machte sich steif und hielt so viel Abstand, daß er Roswitha gerade noch riechen konnte. »Versprich mir, daß du nie, nie mehr krank werden willst. Und verlauf dich nicht. Komm nicht so spät wieder. Und daß du mir nicht auf den Flugplatz gehst; da liegen noch heile Bomben und Patronen.« So entließ Roswitha ihn zum ersten Erkundungsspaziergang.
Der Seefliegerhorst List war, genau wie Fliegerhorst Lager Solsbüll, nach dem Krieg von den Engländern gesprengt worden. Betonbahnen, Hallen und Flugzeuge flogen in die Luft. »Alles kaputt«, sagte der tüchtige Tischlermeisterssohn Volkert zu Gustav, als der am großen, schön riechenden Hobelspäne-Haufen vorbeikam. »Alles kaputt«, wiederholte der schwachsinnige Tischlermeisterssohn Heini, der Roswitha und Gustav mit einem zweirädrigen Karren vom Bahnhof abgeholt hatte. »Er soll da lieber nicht hingehen«, sagte Ida Klonhammer, strohblonde Mutter der beiden. »Das hat Madame ihrem Kleinen hoffentlich einge-

bleut.« Familienoberhaupt Tischlermeister Klonhammer meinte: »Was kann schon groß passieren. Vorsichtig sein muß man überall.« »Ich will es bloß gesagt haben.«

Gustav war sofort begeistert von Roswithas gutem Geruch: Sommersprossen und Kernseife, diese Mischung. Er mochte ihr rotblondes Haar.

Gustav lief fünfhundert Schritte bis zu einer in Stücke gesprengten Mauer aus rotem Backstein. Er fand einen heil gebliebenen Rest, kletterte hoch, stellte sich kerzengerade hin, Augen am Horizont. Große Betonbrocken lagen da. Stahldraht ragte mit abgerissenen Enden aus den Brocken. Die Brocken waren ruppig und voller Ecken und Kanten; sie hatten eine riesige Oberfläche bekommen, entsprechend verströmten sie Duft.

Mit den zerstörten Flugzeugen war es genauso. Gustav stand vor einem Flugzeugwrack, dem das Fahrwerk abgerissen war. Auch die Einstiegtür war abgerissen. Ein Einstiegloch war noch da; er krabbelte hinein. Kabel hingen von der Decke herunter. Messerscharfes Blech stach heraus. In der Pilotenkanzel fehlten die Fensterscheiben. Kupferwicklungen, schön gekämmt wie Roswithas Haar, hingen am Instrumentenbrett und verströmten den scharfen Elektrogeruch. Unversehrte runde Instrumente mit stehengebliebenen Zeigern lagen wie Uhren im Schaufenster. Der Pilotensitz roch nach Stoffetzen. Es roch nach Benzin und Öl.

Eine warme Südwestbrise wehte Meeresluft herein und in Gustavs Kragen unter das weißkarierte Hemd. Die hellbraune knielange Manchesterhose hatte einen Ölfleck abbekommen. Die Turnschuhe waren weiß von Steinstaub. Gustav hörte Roswitha aus dem Kupferdraht leise sprechen: »Verlauf dich nicht, und daß du mir auf keinen Fall in den Schornstein vom alten Heizwerk kriechst.« Gustav saß auf dem Pilotensitz. Um ordentlich sehen zu können, hätte er zwei Kissen gebraucht. Es waren keine an Bord.

Auf das alte Heizwerk konnte man auch ohne Kissen tadellos sehen. Nichts wie hin! Es mußte nur der Motor gestartet werden. Abheben in die Luft, und hinein ins schwarze Schornsteinloch. Es war größer, auch schwärzer und rußiger als angenommen. Trotzdem: Es roch wie der kalte Kachelofen zu Hause. Man brauchte also keine Angst zu haben. Gustav kroch auf allen vieren. So groß war das alte Heizwerk mit dem halben Schornstein nun doch nicht. Gustav mußte nur immer dem Licht entgegenkriechen, um hier wieder rauszukommen.

Dann aber fand er den Weg nach Hause nicht. Es waren keine Wegweiser in den Trümmern. Überall die gleichen Trümmer, überall derselbe Himmel, überall der gleiche Geruch. Der Geruch vom alten Heizwerk hing an ihm. Gesicht, Hände, Kniee, Hemd

und Hose waren rußbeschmiert. Gustav sah das alles nicht. Er roch nur den kalten Kachelofen von zu Hause. Der Zuhause-Geruch nützte ihm nichts. Wenn er über einen Betonbrocken geklettert war, sah er schon den nächsten. Wenn er ein Wrack hinter sich gelassen hatte, lag das nächste schon vor ihm.

Die Trümmer waren still und hell. Er wußte nicht, wie spät es war. Die Sonne brannte herunter. Er hatte keinen Hunger. Wo waren die schreienden Möwen geblieben?

»Verlaufen, verlaufen«, schrien die Möwen. Nun spürte Gustav das schweißnasse Hemd. Nun wußte er auch, daß er wie ein Schornsteinfeger aussah. Er bemerkte eine Wunde am Knie. Die Trümmer waren still und hell. Er wußte nicht, wie spät es war. Die Sonne brannte herunter. Er hatte keinen Hunger. Wo waren die schreienden Möwen geblieben? Wohin war der Trümmergeruch gezogen? Warum roch es nur nach kaltem Ofen? Kupferdraht umschloß seinen Hals und zog sich stramm. Die Nase tropfte und verstopfte. Er hustete Ruß in die Trümmer. War der Keuchhusten wiedergekommen? Gustav weinte nicht; er hustete nur. Husten konnte nicht schaden. Er hustete nicht laut genug. Dann tat er einen kurzen, leisen Schrei, dann einen langen, lauten: »Roswitha!«

Ein gleich großer Junge stand vor ihm. Gustav weinte ihn an und sagte: »Ich habe mich verlaufen.« Er spürte, wie eine Zentnerlast von ihm abfiel, weil er Hans Siemsen erkannte. Daß der vor ihm stand, hatte seine Richtigkeit. Der verbrachte hier die Sommerferien mit seiner Mutter Käthe – »Käthe Königin«. Sie arbeitete an der Bienenbelegstelle als Züchterin.

Siemsen hielt in der Linken eine Pappschachtel, die ihm seine Mutter in die Hand gedrückt hatte. In der Schachtel summten fünf Bienen; sie sollten ihn vor dem Verlaufen bewahren; gleichzeitig sollten sie fleißig Pollen sammeln. Bienen finden überall was: Kaum hatte Siemsen seine Schachtel geöffnet, da flogen die fünf Arbeiterinnen in einen kleinen Wald aus lila blühendem Trümmerkraut, erledigten, was zu erledigen war, kamen pollenbeladen zurück und flogen den tapferen Kerlen voran, nicht zu schnell und nicht zu langsam, immer in die richtige Richtung.

ROSWITHA: »Du siehst ja aus wie der Oberheizer persönlich.«

GUSTAV: »Wer ist das denn?«

ROSWITHA: »Ein studierter Bösewicht.«

GUSTAV: »Und was macht der?«

ROSWITHA: »Der macht die Leute schwarz.«

GUSTAV: »Werden die dann auch böse?«

ROSWITHA: »Ich weiß nicht.«

Jeden Ferienmorgen saß Gustav am Ferienzimmerfenster mit Kakao in der einen und Marmeladebrot in der anderen Hand; er fühlte sich weder gesund noch krank. Er wußte nicht, wie er sich fühlte. Eines Tages konnte er schwimmen: »Ich kann schwimmen«, schrie er aus dem Wasser. Roswitha saß mit einem Handtuch über der Brust in der Burg und schrie zurück: »Schrei nicht so!«

Odin Klonhammer stand vor ihr und fragte, ob sie heute geräucherte Makrele haben wolle. »Ja, danke«, sagte Roswitha, stand auf, warf sich einen Bademantel über und rannte zum Wasser. Gustav schummelte. Er stieß mit jedem Schwimmzug den rechten großen Zeh auf Grund und schubste sich durchs Wasser. Roswitha sah das nicht und sagte: »Das haben wir ja prima hingekriegt.«

Gustav mochte nicht hinsehen, wenn Roswitha mit nackten Brüsten in der Burg saß. Schämte er sich? War er eifersüchtig? Immer, wenn sie unbedeckt in der Sonne saß, rannte er weg und rief: »Ich geh ins Wasser.« So lernte er wirklich schwimmen.

Fremde nackte Brüste ertrug Gustav auch nicht. Ihm war, als würde ihm gegen seinen Willen vorgeführt, was verboten war. So saß er in der Klemme. Also sah er lieber weg. Heimlich sah er doch wieder hin. Brüste behexten ihn wie die Schlange das Kaninchen. Er war aber auch selber Schlange. »Ich kann nichts dafür«, konnte er weder denken noch sagen; aber er fühlte etwas zwischen Schuld und Unschuld, das ihn festhielt. Die Kaninchen nahmen schnell ein Handtuch und bedeckten sich, oder sie kehrten Gustav den Rücken, wenn sie keines hatten, und fanden zur Unschuld zurück. Gustav machte Kehrtmarsch, oder er machte nicht Kehrtmarsch, sondern legte den Unterarm über die Augen und tat so, als wenn er gegen die Sonne blinzelte. Die Kaninchen konnten seine Rippen zählen.

Roswitha trug eine weiße Bluse, die sie mit den offenen Enden über der knielangen weißen Leinenhose zusammengebunden hatte; ein schönes Stück Bauch zeigte sich. *Mein kleiner Kavalier Gustav* trug die Handtasche mit den Badesachen. Beide schlapp-

Lange hielt er die Nase in die Luft, roch Motoren, Nacht, Meer und Heide. Roswitha hielt ihm vorsorglich die Ohren zu; er merkte nichts.

ten mit Latschen über den schrundigen Beton. List war zubetoniert, so weit ihre Augen reichten. Nur die Schlucht, die Käthe Siemsen und ihren Bienenvölkern in den Sommermonaten als Wohnstatt und Bienenweide diente, war Heide und Sand geblieben.

Der Weg nach Hause führte sie am Hafen entlang. Da standen sie an der geschlossenen Pforte, wo es treppab zur Landungsbrücke ging. Von oben sahen sie auf die beiden amerikanischen Patrouillenboote *A1* und *A2* hinab. Geruch von Spiegelei und Speck kam in die Nase. Ein Matrose sah hoch, zeigte den gestreckten Mittelfinger aus der Faust und rief: »Ficken.« Roswithas Sommersprossen verschwanden in Schamröte. Gustav strömte ein mulmiges Gefühl in den Bauch; er hatte halbwegs kapiert und hatte Angst. Roswitha faßte sich schnell, machte schmale Lippen, nahm Gustav fest an die Hand und zog mit ihm ab.

»Ich weiß gar nicht, was die Leute immer haben«, so fing Roswitha wie gewohnt auf dem Heimweg an und erklärte, der liebe Gott habe den Menschen »nun einmal so geschaffen, wie er ist«, und dafür müsse man sich nicht schämen. Gustav sagte: »Finde ich auch.« Bis zum Kiosk sagte er nichts weiter. »Höchstens möchte ich ein Eis«, sagte er am Kiosk. Roswitha kaufte ihm für zehn Pfennig ein Erdbeerstangeneis der Marke *Kosmos*.

Vor der dauernd verriegelten Tür des Gästezimmers waren Roswitha und Gustav in die Knie gegangen.

STIMME: Haben wir durchs Schlüsselloch gekuckt?

Roswitha hielt ihm den Kopf: linke Hand auf rechtem Ohr, rechte Hand auf linkem Ohr. Gustav sah Roswitha in die Augen und las ab. »Und wer hält dir die Ohren zu?« dachte er und legte seine Hände noch auf Roswithas Hände.

In ihrer Küche tobte Tischlermeistersgattin Ida Klonhammer, nachdem sie eine Flasche Rum getrunken hatte. »Seht euren Vater an«, so überfiel sie mit dem von ihr ausgelösten Katastrophenalarm die zwei Söhne, den tüchtigen Volkert und den schwachsinnigen Heini. Ida brannte lichterloh und zeigte mit einer Flamme auf ihren Mann: »Eine Null. Das hat er von seiner Mutter. Die ist auch eine Null.«

Odin Klonhammer stand mit hängendem Kopf und hängenden Schultern, als gäbe es auf ewig und immer nichts mehr zu leben, nichts mehr zu tischlern. Als hätte er Bankrott angemeldet und als hätten Herr und Frau Tod die Meldung persönlich entgegengenommen. Schuld und Unschuld pochten vom großen Zeh aufwärts in die Schläfen und weiter hinein in die Haarspitzen. Ida holte weiter aus, nahm die Söhne zu Hilfe, damit sie besser brenne: »Wie er es mit dieser Nutte – da da da – treibt.« Sie, die Vermieterin, zeigte mit brennendem Zeigefinger in die an Roswitha vermietete Wohnung. »Und mit mir kann er nicht mehr.«

Einen Augenblick lang war Totenstille; nicht mal ein leises Pfeifen war im Ohr. Dann kam der Schrei: »Du Schwein!«, und Ida schüttelte Riesinnenkräfte aus den Armen und boxte und trieb Volkert zum Vater. Volkert ging drei geübte Schritte rückwärts, stand wie der Schutzmann vor seinem Schützling. Da vergriff sich die Rasende an einem Geranientopf und schleuderte ihn zum geschlossenen Blumenfenster hinaus. Dies war der Augenblick, in dem die Fensterscheibe zerbrach und der Geranientopf zerbrach und Frau Ida Klonhammer zerbrach, und zwar in tausend Stücke.

Während Vater und Sohn Volkert alles wie eine Krankheit, die man zwecks Abhärtung durchstehen muß, über sich ergehen ließen und wie gewohnt auf baldige Besserung hofften, raffte sich der idiotische Heini wie gewohnt auf: »Eine Null«, so plapperte er seiner verrückten Mutter nach, und seine schönen Augen rollten. Heini bog Kopf und Oberkörper nach hinten, weil er sich an seiner lodernden Mutter nicht verbrennen wollte. Dann aber warf er eines von den großen Feuer-Erstickungstüchern, machte einen entschlossenen Schritt und stieß seine eingehüllte Mutter vor sich her.

Hatte sie darauf gewartet, endlich möge einer dasein, der sie wegstoße vom Unglücksort? Sie warf sich wie gewohnt auf die Eckbank in der Eßecke und schluchzte; sie schrie Heini an: »Das wird dir der liebe Gott nie, nie vergessen, daß du dich gegen die eigene Mutter versündigt hast.« Während Heini Schaufel und Handfeger holte, um Glasscherben, Blumenerde und Geranien zusammenzufegen, sagte Vater Odin zu Sohn Volkert: »Wir lassen sie da liegen.«

Ein schlechter Traum gleich nebenan. Im vermieteten Zimmer standen die Betten weit auseinander. Gustav wäre gerne zu Roswitha unter die Bettdecke gekrochen; sie ließ ihn nicht. Roswitha hatte ihr Schlaftier ganz fest an der Nase und sagte hinein ins Schlaftier: »Jeder hat sein Bett.«

Trotz Trennung träumte Gustav sich nun auf Roswithas Bauch und roch an ihrer Kernseife-Sommersprossenhaut. Dieses freche Stück genehmigte er sich einfach.

»Der Junge kann den Makrelengeruch so schlecht vertragen. Heute nacht mußte er sich übergeben«, sagte Roswitha am nächsten Morgen zur Vermieterin. Sie bat um ein Zimmer mit größerem Abstand zur Räucherei.

»Das ist zusätzliche Arbeit; das kostet.«

»Wir bezahlen.«
Sie blieben noch eine Nacht. Oben vom ersten Stockwerk, direkt an der Straße, sah Gustav aus dem Fenster. Er sah die Betonstraße und die übrigen Betonflächen von List. Er zählte die Teerstreifen im Beton, er zählte die vorbeifahrenden Jeeps der Engländer. Im Bienental, wo die Glockenheide jetzt blühte und duftete, saß Käthe Siemsen vor ihrer Imkerhütte. »List, das olle Mist.« Dachte sie das? Sagte sie das? Hans Siemsen schlief schon. Die Bienen flogen, solange es hell war.
Die Nordsee zog mit ablaufendem Wasser die Nacht herbei und löschte langsam die Lichter. Die Kriegsschiffe und Fischerboote lagen friedlich im Hafen. Die kaputten Flugzeuge lagen friedlich hingestreckt im kaputten Seefliegerhorst. Die Jeeps standen auf dem Kasernenhof, einige noch mit warmen, bis an Gustavs Fenster duftenden Motoren. Lange hielt er die Nase in die Luft, roch Motoren, Nacht, Meer und Heide. Roswitha hielt ihm vorsorglich die Ohren zu; er merkte nichts.
Als die beiden am nächsten Morgen vorzeitig abreisten, zeigte sich Sylt von der schlechten Inselseite. Der Wind jagte und stieß wie im April. Der Himmel war eine kalte Milchglasscheibe. Kalt war der Sand. Kalt waren die immerblühenden Heckenrosen.
Gustav ging an Roswithas warmer Hand.
STIMME: Er folgt mit der legendären Schicksalsergebenheit, die nur das Kind fertigbringt.
Der nicht recht gescheite Heini fuhr den Koffer auf seinem zweirädrigen Karren zum Bahnhof. Er ging mit hängendem Kopf und sagte kein Wort; er brachte auch kein Abschiedswort hervor. Man sah nur seine schönen Augen und seine schöne Rotznase. Auch Roswitha und Gustav sagten nichts.
Bevor die Inselbahn losdampfte, hörten sie, wie der Inselwind am Abteilfenster rüttelte und pfiff. Der Wind fegte den Rücken der großen Wanderdüne und legte eine waagerecht abstehende Mähne an ihr Ende. Mit einem Ruck zog die Lokomotive los, der Zug fuhr an und zuckelte ab. Als sie unterwegs wegen sandverwehter Gleise hielten, rief ein Fahrgast: »Die Inselbahn gehört abge-

schafft.« Einige Fahrgäste nickten, andere verzogen keine Miene, einer grinste.
Roswitha und Gustav hatten Angst vor dem Nachhausekommen. Die Angst war unbegründet. In Solsbüll-Mühle standen sie klein und unnütz vor der Haustür, tief zu Boden gebeugt, denn beide glaubten, alles Unglück der Welt sei einzig und allein ihre Schuld. Anne und Gret öffneten. Roswitha schluchzte los wie ein erwachsener Mensch. Gustav hielt die Lippen schmal und die Augen trocken, die kleinen Ohren sperrte er auf, als wäre er drauf und dran, erwachsen zu werden. Da hinein sagte Anne: »Sie sind ja man beide noch Kinder.«

Stimmen zu ›Solsbüll‹

»Jochen Missfeldt kann das unlösbar Gemeinsame von Glück und Bedrohung, von Liebe und Verlust und ewiger Hoffnung unvergeßlich beschwören.«
Sybil Gräfin Schönfeldt

»Dieses ›Solsbüll‹ rückt Maßstäbe zurecht. Was heutzutage sich so alles ›Roman‹ nennt. Dies ist einer. Eine weit ausgesponnene, welthaltige Familienchronik. Eine kleine Welt, aber sie spiegelt die große. Das Buch wird bleiben.« Die Zeit

»Ein Buch, das vor Wirklichkeit fast birst – aber eben nicht birst, weil es mit der inneren Distanz eines ›Nordmenschen‹ geschrieben ist. Große Gratulation!« Reiner Kunze

»Dieser Roman ist so reich an Geschichten und Geschichte, an Geruchs-, Gesichts- und Geschmacksstoffen, an plastischen Figuren, drallen Gefühlen, scharfen Gedanken, daß ein weniger spendabler Autor glatt fünf daraus gemacht hätte. Ein beachtenswertes Gegenstück zum regionalen Nachbarroman ›Deutschstunde‹ von Siegfried Lenz.« NDR

»Jochen Missfeldt versteht es, den weitläufigen Stoff im Griff zu halten, ohne dabei dessen Komplexität zu schmälern. Der Leser wird geführt, aber oft bleibt ihm der Reiz, ausgesparte Verbindungsfäden selber zu legen. Missfeldt beherrscht auch die Kunst des Offenlassens.« Neue Zürcher Zeitung

»Ein gelungener Familienroman, ein gelungenes Epos.« Die Welt

Agnès Desarthe

Die guten Vorsätze

Roman

Autorin und Buch

Agnès Desarthe, die 1966 in Paris geboren wurde, gilt als eine der wichtigsten Stimmen der französischen Gegenwartsliteratur. Längst hat sie sich auch in Deutschland einen Namen gemacht. »Abgründig und unterhaltsam, vielschichtig und spannungsreich: Mit der seltenen Mischung von Lebensnähe und Todesbewußtsein in ihren Texten dürfte Agnès Desarthe nicht länger ein Geheimtip bleiben«, schrieb die ›Frankfurter Rundschau‹, und in der ›Vogue‹ hieß es: »Agnès Desarthe versteht sich virtuos auf die hohe Kunst, existentiellen Ernst mit Leichtigkeit und literarischer Eleganz zu verpacken.« Inzwischen hat sie mehrere vielbeachtete Kinderbücher und Romane geschrieben, darunter ›Ein Geheimnis ohne Belang‹, der mit dem angesehenen Prix du Livre Inter ausgezeichnet wurde, und ›Fünf Bilder meiner Frau‹. Schon lange lebt sie mit ihrer Familie in Paris.

Wer eine neue Wohnung bezieht, kann schon einmal aus dem Tritt geraten. Genau das beschreibt Agnès Desarthe in ihrem neuen Roman ›Die guten Vorsätze‹: Sonia zieht mit ihrem Mann Julien in eine Wohnung an einem großen Boulevard in Paris. Sie ist schwanger, und nach einigen Wochen wird Moïse geboren, drei Jahre später ein zweiter Sohn. Das Leben könnte schön sein …

… wenn da nicht ein alter Nachbar wäre, Monsieur Dupotier. Unentwegt klingelt er an der Wohnungstür. Er ist einsam, ihm ist kalt, und er hat Hunger. Was soll Sonia tun? Über die Sorge, den Alten womöglich nicht mehr loszuwerden, siegt ihre Hilfsbereitschaft. Außerdem rückt Weihnachten näher, das Fest der Liebe, dem Monsieur Dupotier so viel Bedeutung beimißt.

Eines Tages tritt ein, was Sonia befürchtet hat: Der Nachbar bittet sie um mehr als bloß um Süßigkeiten oder einen Teller Couscous. Er ist geschlagen worden. Von wem? Es kann nur der Bruder der Concierge gewesen sein, der wie ein kleiner Tyrann die Macht im Haus an sich gerissen hat. Ihm ist der hilflose Alte ein Dorn im Auge. Und nicht nur der. Plötzlich geht es um Sonia, Julien und die Kinder …

Agnès Desarthe erzählt in ihrem Buch von Dingen, die einfach scheinen und doch schwer sind: von Nächstenliebe und Zivilcourage, von Mitgefühl und Engagement. Mit Anmut und Humor lotet sie die Widersprüche und die Wirklichkeit unseres Daseins aus. Ein nachdenklich stimmender, wunderbar schwebender Roman über Liebe und Angst.

Aus dem Buch

Weihnachten naht, eine Zeit, die besonders günstig für Verzweiflungsattacken ist. Monsieur Dupotier besucht mich. Zum dritten Mal an diesem Morgen. Er kommt jetzt immer häufiger.

Mir ist Weihnachten egal, obwohl es über einen Monat lang eine ständige, angestrengte Konzentration erfordert, damit einem Weihnachten egal bleibt.

Ihm ist es nicht egal. Er denkt daran, er sieht es im Fernsehen. Er erinnert sich, wie es früher war, mit seinem Hund, seiner Frau, seinem Sohn. Alle drei sind gestorben, einer nach dem anderen.

Das Tier hat den Leichenzug eröffnet. Damals wohnte ich kaum drei Monate im Haus, aber die Dupotiers kannte ich: Sie brauchten Stunden, um vom ersten Stock hinunter- oder wieder hinaufzusteigen. Noiraud, ihr Cockerspaniel, war nicht besser zu Fuß, er litt an einer Art Genu Valgum (ich weiß allerdings nicht, ob eine solche Mißbildung auch Hunde befallen kann), jedenfalls kam er auf seinen X-Beinen und mit über den Boden schleifendem Bauch nur mühsam vorwärts. Das Tier war so jämmerlich, daß Monsieur und Madame Dupotier dagegen beinahe frisch aussahen.

Der Hund ist also als erster gestorben. Ich habe nicht erfahren, wie. Trotz, vielleicht auch wegen meiner Wachsamkeit brauchen Neuigkeiten eine gewisse Zeit, um bis zu mir zu gelangen.
Madame Dupotier stand im Treppenhaus, auf dem Zwischenabsatz, und klammerte sich am Geländer fest. Wartete sie auf Noiraud?
»Ach, junge Frau, unser armer Fiffi ist gestorben.«
Sofort kam mir der Gedanke, ob sie ihn wohl beerdigt hatten. Ich setzte eine angemessene Miene auf, wagte aber nicht, ihre Hand zu ergreifen, wie ich es eigentlich gerne getan hätte.
Madame Dupotiers lange, dünne Finger waren verkrümmt und kreideweiß. Letzteres galt übrigens für ihre ganze Person. Wenn ich sie aus ihrer Wohnung kommen sah, bestürzte mich ihre Weißheit, dieses eigenartig verstaubte Aussehen, als wäre das ganze Haus über ihrem Kopf zusammengestürzt, und nur sie wäre wie durch ein Wunder unbeschadet entkommen, wobei als einzige Folge dieser fahle Film blieb, der in jeder Pore ihrer Haut verkrustete.
Wenn ich ihr also nicht die Hand gegeben habe, lag das auch daran, daß ich Angst vor älteren Damen habe. In der bekannten Geschichte von dem jungen Mädchen, das am Brunnen Wasser holt und ihren Krug der alten Frau gibt, hätte ich kläglich versagt. Hätte ich sie neben der Quelle stehen sehen, abgemagert, mit tiefgebeugtem Rücken und roten Lidern, dann wäre ich in die entgegengesetzte Richtung davongelaufen. Überhaupt fürchte ich mich davor, andere Menschen zu berühren. Ich habe Angst, daß sie es mißverstehen, will sie nicht bedrängen.
Nach Noirauds Tod hat der Lebensmittelhändler im Parterre den Dupotiers vorgeschlagen, doch einen seiner Welpen aufzunehmen, aber sie haben ihm gesagt, sie wollten keinen Waisen hinterlassen. Sie spürten, daß es mit ihnen zu Ende ging. Was Madame Dupotier betrifft, stellte sie damit ihre Hellsichtigkeit unter Beweis: Binnen eines knappen halben Jahres starb auch sie.
Dieses Mal wurde ich als erste unterrichtet. Monsieur Dupotier klopfte an meine Tür.

Als ich die Wohnung besichtigte, war ich mir sicher, mein Nest gefunden zu haben. Dort wollte ich leben. Dort sollte unser Kind zur Welt kommen.

»Ach, junge Frau, wenn Sie nur wüßten. Ein furchtbares Unglück ist geschehen.«
Auch seine Hände hätte ich gerne ergriffen. Aber sie sahen noch abstoßender aus als die seiner Gattin, wegen der Fingernägel, die er nicht mehr schnitt und die sich, schwarz, in sein graues Fleisch bohrten. Bei jeder unserer Begegnungen konnte ich nicht anders, als sie zu begutachten, denn sie erschienen mir als ein verläßliches Indiz dafür, daß der Mensch mit der Zeit wieder zum Tier wird.
Zwei Tage später schellte die Hausmeisterin.
»Willst du rüberkommen und die Leiche angucken?«
Ich verstand nicht sofort, was sie meinte. Meine Hausmeisterin, Simone, hat mich von Anfang an geduzt. Wie es dazu kam, muß ich euch erklären. Ich muß euch unbedingt von Simone erzählen und frage mich sogar, ob ich meine Geschichte nicht besser mit ihr angefangen hätte.
Von Simone zu erzählen heißt zwangsläufig, auch von mir zu erzählen. Nicht, weil wir uns ähnlich wären, sondern weil sie so mir nichts, dir nichts in mein Leben getreten ist.
Als ich die Wohnung besichtigte, war ich mir sicher, mein Nest gefunden zu haben. Dort wollte ich leben. Dort sollte unser Kind zur Welt kommen. Der Kaufpreis war übertrieben hoch, aber es gab kein Zurück mehr. Liebe auf den ersten Blick.
Der Handel wurde getätigt, und zwei Monate später zogen wir um. Ich war schwanger und brauchte deshalb nichts zu schleppen. Ausgestreckt auf dem langen Eichentisch, den die Voreigentümer uns hinterlassen hatten, wartete ich auf das Eintreffen der Umzugskartons. Das Wetter war schön. Das Fenster stand offen. Ich dachte: »Nie und nimmer werde ich hier leben können. Es ist viel zu laut.« Mir war zum Heulen zumute, denn ich wußte, daß wir nicht mehr zurückkonnten. Ich versuchte mir einzureden, daß dieser Eindruck nur vorübergehend war.
Als ich mich wieder aufrichtete, um das Fenster zu schließen, stand Simone direkt vor mir.

»Es war offen, da bin ich einfach reingekommen«, sagte sie.
Ich bin nicht vor Schreck zusammengefahren, denn ihr Aussehen machte mich viel zu neugierig, als daß ich mich über ihre Anwesenheit gewundert hätte.
»Simone, die Hausmeisterin.«
»Sonia ... Ich bin die neue Wohnungseigentümerin.«
»Sieht fast so aus, als wärst du schwanger, Sonia.«
Ich habe auf meinen Bauch hinuntergeblickt, der nur etwas weniger aufgebläht aussah als ihr eigener.
Simone war ziemlich dick, obwohl man mit diesem Wort ihrer ganzen Erscheinung nicht gerecht wird. Auf hageren, muskulösen Beinen trug sie einen schweren Rumpf. Ihre opulenten Brüste ruhten auf einem erstaunlich runden Bauch. Sie war klein und ihr Kopf zwischen die Schultern gesackt. Aber ihr Gesicht und ihre Arme waren hübsch. Gealtert zwar, schlaff und blaurot angelaufen, aber hübsch. Ihr ganzer Stolz war ihr Haar. In lockigen Stufen fiel es ihr, sorgfältig wasserstoffgebleicht, auf die Schultern. Wenn sie lächelte, konnte man es kaum fassen, daß ihr jeder zweite Zahn fehlte. Ihre Lippen, die durch die Zahnstummel aus der Form geraten waren, hätten rot sein müssen, statt dessen aber sahen sie aufgesprungen und farblos aus: So paßten sie besser zu ihrer rauhen Haut und ihrem fahlen Teint – über den Wangenknochen war er blaufleckig, grün auf den eingefallenen Wangen – als zu ihrer Frisur eines amerikanischen Filmstars der fünfziger Jahre. Meistens trug sie einen Kittel, dessen Dekolleté ihre hinreißende Brust betonte, und ein paar ausgetretene Schlappen.
»Ja«, antwortete ich, »ich bin im siebten Monat.«
Sie wühlte in ihren Taschen, zog einen Kassenbon und einen Bleistift heraus, stützte sich auf den Tisch und machte sich bereit, etwas aufzuschreiben.
»Krankenkassennummer. Name und Telefonnummer deiner Mutter. Name und Telefonnummer deiner Schwiegermutter.«
Ohne Zögern zählte ich alles auf. Ich war kaum fertig, als mich eine Welle von Panik überlief. Vielleicht war sie von der Polizei. Ich hatte oft Angst, verhaftet zu werden. Wenn ich mit meinem

Mann im Auto fuhr, warnte ich ihn häufig: »Achtung, Polizei!« Vielleicht war sie eine Faschistin. Sie würde uns denunzieren. Bei wem? Sicher, diese Frage war irgendwie berechtigt. Aber so funktioniert mein Verstand eben nicht. Ich will damit sagen, daß in meinem Innern kein Platz für Logik ist. Die Angst nimmt alles ein.

»Was macht dein Mann?«

»Architekt.«

Das durfte ich nicht. Etwas über mich preiszugeben war gewiß ein Fehler, aber Informationen über Julien zu verbreiten, das ging zu weit. Er würde mir das niemals verzeihen.

»Architekten sind immer viel unterwegs«, sagte sie und richtete sich wieder auf, wobei sie das Gesicht verzog und die Hände ins Kreuz stützte. »Stell dir vor, das Baby kommt, wenn dein Kerl auf Reisen ist.«

Verblüfft zuckte ich die Achseln.

»Ich setz dich ins Taxi zum Krankenhaus, ich ruf Mutter und Schwiegermutter an, damit sie sich um dich kümmern. Gib mir einen Zweitschlüssel, dann kann ich sie im Notfall in die Wohnung lassen. Falls das Fruchtwasser abgeht, hast du keine Zeit zum Kofferpacken.«

Da gab es nichts zu diskutieren.

Ich reichte ihr die Schlüssel, die sie sofort in ihrer Kitteltasche versenkte. Das Klirren und der ausgebeulte Stoff verrieten mir, daß sie wie ein Kerkermeister im Besitz eines stattlichen Schlüsselbundes war.

»Gut, ich geh jetzt. Ruf nach mir, wenn du was brauchst, dann komm ich. Putzen kann Josette, meine Cousine. Ein Umzug macht immer viel Dreck. Ich sag ihr, sie soll morgen vorbeikommen. Zehn Uhr, paßt dir das?«

Ohne meine Antwort abzuwarten, machte sie auf dem Absatz kehrt und verschwand.

Ich saß auf dem einzigen Möbelstück in meiner neuen Wohnung und versuchte einen Augenblick, mir einzureden, daß alles nur ein Traum gewesen war.

Bei zu plötzlichen Ereignissen, in Situationen, die mich überrumpeln, neige ich dazu, mich einzuigeln. Ich schalte den Grad meiner Existenz um eine Stufe zurück und warte, bis alles vorbei ist. Julien behauptet, das sei die Vogel-Strauß-Taktik. Die Methode eines Feiglings, der der Wirklichkeit nicht ins Gesicht sehen will. Was kann ich zu meiner Verteidigung vorbringen? Er hat recht, ich weiß es, aber ich kann nichts dagegen tun.

An Tagen, wenn ich gut in Form bin, in jenen Morgenstunden, in denen ein reißender Fluß das träge Blut ersetzt, das gewöhnlich in meinen Adern fließt, gefalle ich mir darin, meine Handlungsweise als eine untergründige Form des Heldentums zu betrachten. Es stimmt: Dank meiner berühmten Methode manövriere ich mich in Klemmen, in denen viele kühne, ja sogar waghalsige Männer ohne das geringste Zögern die Flucht ergreifen würden.

In solchen Momenten geht es mir gut. Dann halte ich mich für einen Menschen, der allem mit Neugier begegnet und bereit ist, seine Gesundheit aufs Spiel zu setzen – oder die der anderen, ja, das sollte ich wohl zugeben –, nur damit sein Verständnis der Welt und sein Wissen größer werden.

An guten Tagen kam mir Simone vor wie der Gegenstand einer aufregenden Studie über das menschliche Verhalten in lebensfeindlichen Umständen: 15 Quadratmeter mit einem Hund, einigen Wellensittichen, dem Fernseher Tag und Nacht auf 90 Dezibel und dem Gestank von zwölf wartenden Abwaschtürmen.

An düstereren Tagen nahm sie ein ganz anderes Gesicht an. Dann wurde mir meine Schwäche bewußt, und ich war fassungslos, warum ich zulassen konnte, daß Leute wie sie in meine Privatsphäre eindrangen.

Als am nächsten Morgen ihre Cousine Josette bei uns aufkreuzte, mit einem dreckigen Eimer in der Hand und einem kaputten Scheuertuch über der Schulter, bekam ich eine Ahnung von der Tragweite meiner Inkonsequenz. Aber vor allem in Juliens Augen konnte ich den Beweis für diese besondere Form des Wahnsinns lesen, der mich, wenn er mich ergreift, ebenso gefügig macht wie

eine Alge, die willenlos in der Strömung schlingert.

In seinen Augen präsentierte sich Josette als das, was sie wirklich war: eine kantige Frau mit Knien wie Reibeisen, schmutzigen Fußnägeln, die aus ihren Gesundheitslatschen hervorragten, einer langen, gebogenen Nase, neugierigen Äuglein und schwarzen Zähnen. Sie sah böse aus, hatte einen hinterhältigen Blick und verströmte einen unangenehmen Geruch nach gelben Gitanes.

Meistens kann mich das, was sich mir morgens beim Aufwachen präsentiert, nicht überzeugen – ich meine die Welt, den Himmel, die Geräusche der Stadt.

Julien fragte mich:

»Wer ist denn diese Schreckschraube?«

Mir war klar, daß »die Putzfrau« nicht die richtige Antwort sein konnte.

»Das ist Josette, Simones Cousine.«

»Und wer ist Simone?«

»Die Hausmeisterin.«

Julien lächelte. Ich war gerettet. Er verabscheut und liebt mich genau aus denselben Gründen – was ihm das Leben nicht gerade leicht macht.

Ich war also bei Madame Dupotiers Tod stehengeblieben und bei ihrer Leiche, die ich mir ansehen sollte. Auf der Fußmatte hatte ich Simone vor mir, die mich mit in den Taschen vergrabenen Händen betrachtete. Ihre Augen waren feucht, ihre Lider hingen, ihr Kopf sackte leicht nach vorne, sie sah aus wie ein Hund. Das erinnerte mich an Noiraud und die Möglichkeit, wiedergeboren zu werden. Solche verrückten Ideen schießen mir den ganzen Tag durch den Kopf. Ich fand Simone schön, mit ihrem bescheidenen, sanften Lächeln. Vor allem spürte ich, daß mir an ihrer Anwesenheit etwas lag, daß ich die schlichte Tatsache ihrer Existenz zu schätzen wußte, weil sie einen so unwahrscheinlichen Charakter hatte. Bevor ich Simone begegnet war, hatte ich geglaubt, Leute wie sie seien ausgestorben.
Ich gebe zu, daß ich mit der Realität auf Kriegsfuß stehe. Meistens kann mich das, was sich mir morgens beim Aufwachen präsentiert, nicht überzeugen – ich meine die Welt, den Himmel, die Geräusche der Stadt. Einen erheblichen Teil meiner Tage verbringe ich damit, an irgendeinem Punkt der Welt nach einem Anzeichen, einer Neuheit zu forschen, nach einem Beweis dafür, daß es noch etwas anderes gibt und man sich auf der ganzen Linie geirrt hat. Ich halte mich bereit, die allerkleinste Entdeckung willkommen zu heißen. Verkündet mir, daß die Erde doch nicht so rund ist, wie man immer geglaubt hat, und ich spendiere euch ein Jahresabo in der Konditorei eurer Wahl. In Wahrheit warte ich auf die Bestätigung meiner Intuitionen: Es ist unmöglich, daß wir alles wissen; schon fehlt uns das Wesentliche, und genau das macht es so schwer, morgens aufzustehen. Wozu, wenn doch alles falsch, bruchstückhaft und trügerisch ist. Gebt mir drei Bewohner der Venus, eine fleischfressende Pflanze, die einen Büffel verschlingen kann, ein Nervenzentrum für den freien Flug im Hirn des Nilpferdes, und ich werde endlich glücklich schlafen gehen. Um

mich herum dieses ganze Chaos, diese Unordnung und Absurdität, und da soll ich so tun, als würde ich alles glauben, was man mir weismachen will …

Aber ich schweife ab. Ich wollte einfach nur sagen, daß ich Simone gerne hatte, die unwahrscheinliche Simone, die dort, vor mir, auf meiner Fußmatte stand und sagte:

»Komm mit, die Leiche angucken. Ich jedenfalls geh rüber. Ich war schon gestern da, aber ich geh noch mal hin. Sie ist ganz still. Du wirst sehen. Hatte ein schönes Gesicht, die Madame Dupotier.«

Darauf wußte ich keine Antwort. Ich hatte Angst davor, hinzugehen, und verstand nicht, wozu das gut sein sollte. Ich wollte Simone sagen, meine Religion verbiete mir derartige Besuche, aber einerseits war ich nicht sicher, ob das stimmte, und andererseits zögerte ich, mit ihr über so etwas zu sprechen. Allerdings hatte sie mir einige Wochen nach meinem Einzug in die Wohnung erzählt:

»Ich verstehe mich mit allen gut. Sieh mal, zum Beispiel der Metzger da unten, bei ihm kaufe ich mein Fleisch. Es ist koscher, aber das ist mir piepegal.«

Im Erdgeschoß unseres Hauses befand sich tatsächlich eine Metzgerei. Monsieur Lakrach verkaufte Fleisch, das helal war, und lächelte viel. Simone schmiß muslimisch und jüdisch in einen Topf, ein Beweis dafür, daß sie keine Rassistin war.

»Nein danke, Simone, mir liegt nichts daran.«

»Du machst dem Alten eine Freude, wenn du hingehst.«

Ich stellte mir den kränklichen Monsieur Dupotier am Bett seiner verstorbenen Gattin vor, in seiner Kordhose, mit unordentlich um seinen Hühnerhals gebundener Künstlerschleife und gefalteten Händen. Ich hatte nicht die Kraft, mir dieses Schauspiel anzutun. Außerdem kannte ich mich zu gut, um das Risiko auf mich zu nehmen.

Angesichts von Madame Dupotiers Leiche hätte ich bestimmt damit begonnen, die Haare zu zählen, die aus den Ohren des Witwers sprossen. In dem verdunkelten Zimmer, das mit überflüssigen, zumeist unbenutzten, verdreckten und verwahrlosten Gegenständen vollgestopft war, hätte ich laut geschnieft, weil der widerliche Gestank dieser Wohnung mir unangenehm war, in der die Fenster aus lauter Angst vor Zugluft sorgfältig verschlossen blieben. Es roch einfach zu schlecht bei ihnen.

Damals war ich noch nicht über die Schwelle ihrer Wohnung getreten, aber immer wenn sie die Tür öffneten und ich das Pech hatte, gerade daran vorbeizugehen, schnürte mir ein süßlicher Schwall die Kehle zu. Und doch konnte ich nicht anders, bereit zu leiden und kindisch, wie ich nun einmal bin, mußte ich mich daran weiden und tief einatmen, gespannt auf die einzelnen Bestandteile der abscheulichen Ausdünstung. Ranzige Mehlschwitze, im Kochwasser schwimmender Lauch, überreife Früchte, mit Mottenkugeln gespickte Wäsche, die auf einen schicksalhaften Waschtag wartete. Das alles und noch mehr: verklebt, vor Dreck starrend und einer langsamen Fäulnis geweiht.

»Ich kann nicht«, antwortete ich kläglich, »der Kleine wird bald aufwachen.«

»Wenn du willst, passe ich auf ihn auf«, sagte Simone.

Wie konnte ich das ablehnen? Sein Baby herzugeben – darüber bin ich mir schnell klargeworden – ist ein Zeichen von Zärtlichkeit und Freundschaft und auch ein handfester Beweis für Großzügigkeit und Herzensgüte, Gefühle, denen ich verzweifelt hinterherlief, damit mir die Fehler, die ich am wenigsten eingestehen konnte, vergeben würden. Wenn man sein Baby hergibt, trägt man dazu bei, soziale Bindungen zu festigen, ja manchmal knüpft man sie dadurch sogar. Dieses Verslein zumindest leierte ich herunter, um meinen Widerwillen zu überwinden.

Und noch eine Geschichte übers Riechen. Jedesmal, wenn Moïse länger als drei Minuten auf dem Arm eines anderen blieb, kam er verändert zu mir zurück, parfümiert wie Onkel Dingsbums oder Tante Sowieso. Wenn sein Patenonkel Eloi mit dem dichten roten Bart sich seiner bemächtigte, brauchte ich einige Zeit, um die Vorstellung loszuwerden, daß auch mein Baby einen Bart hatte, so stark hatte sich der Geruch des gütigen Riesen über sein Haupt ergossen. Deshalb lächelte ich insgeheim über die Weinkrämpfe, die der Kontakt mit Fremden bei meinem Sohn zuweilen auslöste. Täuscht euch nicht, der Grund für meine Freude war nicht die Ablehnung, die den anderen galt. Mein Glück war rein organischer Natur. Sobald Moïse zu schreien begann, bedeckte ein Schweißfilm seinen Kopf und stellte seinen köstlichen Duft, sein unvergleichliches Aroma unverzüglich wieder her.

Moïse, der nach Simones weingeschwängertem Atem roch, Moïse, den ihre nikotinfleckigen Finger gestreichelt hatten und der an ihren Busen, ihren faszinierenden Busen gedrückt worden war, der ihr als Schuppen, Strickstrumpf, Nähkästchen diente: das schien nicht wiedergutzumachen. Wer weiß, was sich in der tiefen Spalte zwischen ihren Brüsten alles verbarg?

Das Telefon klingelte, und als ich die Tür vor Simone schloß, die sich einsichtiger zeigte, als ich es für möglich gehalten hätte, ertappte ich mich dabei, wie ich einem Gott dankte, an den ich gar nicht glaubte.

Aus dem Französischen von Christiane Seiler

Pressestimmen

»Agnès Desarthe beherrscht die Kunst, mit Anmut und Leichtigkeit ernste Fragen zu stellen.« L'Express

»Wie die Helden philosophischer Erzählungen liegen Agnès Desarthes Figuren im Widerstreit mit der Realität, nehmen Umwege in Kauf, um ans Ziel zu gelangen. Sie selbst bewegt sich wie eine Seiltänzerin über die Wirklichkeit unserer Welt.« magazine littéraire

»In den ›Guten Vorsätzen‹ steckt viel von dem phantastischen Universum Roman Polanskis und seines Films ›Der Mieter‹. Erstmals gibt Agnès Desarthe einem ihrer Bücher eine politischere Dimension.« Le Monde

Jon Fosse

Morgen und Abend

Roman

Autor und Buch

Jon Fosse ist ein Autor, der in aller Munde ist. Der 1959 in Haugesund geborene Norweger, der heute in Bergen lebt, hat sich in allen literarischen Gattungen einen Namen gemacht: Für seine Theaterstücke, Romane, Lyrik, Essays und Kinderbücher ist ihm bereits eine Reihe wichtiger Literaturpreise verliehen worden. Seine Stükke, die international aufgeführt werden und seit kurzem auch an zahlreichen renommierten deutschsprachigen Bühnen zu sehen sind, begeistern das Publikum. »Es gab Henrik Ibsen, dann kam nichts – jetzt gibt es Fosse«, jubelte die ›Woche‹, und auch der ›Spiegel‹ sparte nicht mit Lob: »Jon Fosse ist einer der besten europäischen Autoren.« Zuletzt erschien von ihm auf deutsch der Roman ›Melancholie‹, ein kunstvoll rhythmisiertes, mitreißendes Buch über den norwegischen Landschaftsmaler Lars Hertervig.

Auch Fosses neuer Roman ›Morgen und Abend‹ spielt in Norwegen: Der Tag, an dem der Fischer Johannes geboren wurde, liegt lange zurück. Er ist alt und allein. Erna, seine geliebte Frau, die Mutter seiner Kinder, ist vor Jahren gestorben, ebenso sein bester Freund Peter. Johannes' Boot liegt in der Bucht: Er fährt nicht mehr damit. Jeden Morgen verläßt er sein Haus, geht zum Steg hinunter und beobachtet, wie es auf den Wellen schaukelt.

Eines Morgens wacht er auf, kleidet sich an, kocht sich in der Küche Kaffee – und stutzt. Etwas ist anders als sonst. Das Licht? Ist da nicht Erna in der Küche? Er macht sich auf zum Wasser, wo Peter ihn erwartet. Seine Haare sind merkwürdig lang geworden, Johannes hat den Wunsch, sie zu schneiden. Obwohl das Meer aufgewühlt ist, fahren sie gemeinsam hinaus, um Krebsreusen einzuholen. Auf der Fahrt kommen Johannes wieder und wieder Stationen seines Lebens in den Sinn, seine erste Liebe, die unglücklich war, dann die Begegnung mit Erna, die er bald darauf geheiratet hat, und die Sauftouren mit Peter in der Stadt. Abermals stellt er verwirrt fest, daß etwas nicht stimmt. Kaum legt das Boot wieder an, eilt er nach Hause, wo er Erna antrifft. Ihm ist, als würde eine lang gehegte Sehnsucht gestillt.

In ›Morgen und Abend‹ erzählt Jon Fosse von einem großen Thema, dem Tod. Indem er seine Geschichte in einem kleinen Fischerdorf spielen läßt, irgendwo in Norwegen, irgendwann in einer wer weiß wie fernen Zeit, öffnet er den Blick auf das, wovon heute kaum jemand spricht. Ein Buch, das mit schlichtester Sprache eine große Kunst der Wahrnehmung entwickelt und den Leser bezaubert und berührt.

Aus dem Buch

Noch mehr heißes Wasser Olai, sagt die alte Hebamme Anna
Steh nicht in der Küchentür rum Mensch, sagt sie
Nein nein, sagt Olai
und er spürt, wie eine Wärme und eine Kälte sich überall auf seiner Haut ausbreiten und er bekommt Gänsehaut und ein Glücksgefühl durchfährt ihn und steigt ihm als Tränen in die Augen und er geht schnell zum Herd und schöpft dampfend heißes Wasser in eine Schüssel, ja heißes Wasser sollst du haben, denkt Olai und er schöpft noch mehr heißes Wasser in die Schüssel und er hört die Hebamme Anna sagen, jetzt ist es sicher genug, ja jetzt reicht es, sagt sie und Olai schaut auf und da steht die alte Anna neben ihm und nimmt die Schüssel
Ich trag sie selber rein, ja, sagt die Hebamme Anna
und dann ist aus der Kammer ein unterdrückter Schrei zu hören und Olai sieht der alten Anna in die Augen und er nickt ihr zu und grinst er sie nicht auch ein bißchen an
Ein bißchen Geduld noch, sagt die alte Anna
Wenn es ein Junge wird, soll er Johannes heißen, sagt Olai

Abwarten, sagt die Hebamme Anna
Ja Johannes, sagt Olai
Wie mein Vater, sagt er
Ja ein guter Name, nichts gegen zu sagen, sagt die alte Anna
und noch ein Schrei ist zu hören, lauter jetzt
Geduld noch, Olai, sagt die alte Anna
Hab noch ein bißchen Geduld, sagt sie
Hörst du, was ich sage? sagt sie
Du bist Fischer, du weißt, Frauen gehören nicht ins Boot, nicht wahr? sagt sie
Jau, sagt Olai
Und hier gilt dasselbe für Männer, du weißt, was sonst passiert? sagt die Hebamme Anna
Es bringt Unglück, sagt Olai
Genau, Unglück, ja, sagt die alte Anna
und Olai sieht die alte Anna schnell zur Kammer gehen und die Schüssel mit dem heißen Wasser hält sie mit ausgestreckten Armen vor sich und dann bleibt die Hebamme Anna vor der Tür zur Kammer stehen und sie dreht sich zu Olai um
Steh da nicht so rum, sagt die alte Anna
und Olai bekommt einen Schreck, bringt es etwa schon Unglück, wenn er nur hier steht? nein das kann ja wohl nicht sein und wenn es jetzt nur gutgeht mit seiner höchst geachteten und geliebten Marta, seiner liebsten Marta, es muß einfach gutgehen, ja, auf jeden Fall
Mach die Küchentür zu Olai und setz dich auf deinen Stuhl, ja, sagt die alte Anna
und Olai setzt sich ans Kopfende vom Küchentisch und er stützt die Ellbogen auf den Tisch und den Kopf in die Hände und zum Glück hat er Magda heute zu seinem Bruder gebracht, denkt Olai, als er hingefahren ist, die alte Anna holen, ist er erst mit Magda bei seinem Bruder vorbeigerudert und eigentlich war er nicht sicher, ob das richtig war, denn die Magda ist jetzt ja auch bald eine erwachsene Frau, die Jahre vergehen so schnell, aber Marta hat ihn darum gebeten, wenn sie niederkommen würde

und er losruderte, die alte Anna holen, dann sollte er Magda mitnehmen und bei seinem Bruder lassen, bis die Geburt vorbei ist, sie sei noch zu jung, um so genau zu erfahren, was ihr als erwachsener Frau bevorstehe, hatte Marta zu ihm gesagt und da hat er natürlich getan, was sie gesagt hatte, obwohl er Magda jetzt so gern bei sich gehabt hätte, ein kluges und verständiges Mädchen ist sie gewesen, so lange er zurückdenken kann, und so lieb und gut in ihrem Betragen, eine gute Tochter hat er, ja, denkt Olai, und eigentlich hatte es so ausgesehen, als wollte der Herrgott ihnen keine Kinder mehr schenken, denn Marta war nie wieder guter Hoffnung gewesen und die Jahre vergingen und mit der Zeit fügten sie sich und dachten, jetzt bekämen sie keine Kinder mehr, so war es eben, so war es ihr Schicksal, sagten sie und dankten Gott dem Herrn, daß er ihnen Magda geschenkt hatte, denn wenn sie nicht mal diese Tochter bekommen hätten, nein, dann wäre es einsam gewesen hier auf Holmen, der Insel, wo sie sich niedergelassen hatten und das Haus hatte er selber gebaut und natürlich hatten seine Brüder und die Nachbarn geholfen, aber das meiste hatte er selber gemacht und als er Marta freite, da hatte er Holmen schon, um ein geringes Geld hatte er es gekauft und alles wohlbedacht, wo das Wohnhaus stehen sollte, hatte er bedacht, schön geschützt, wo Wind und Wetter ihm nichts anhaben können, da sollte es liegen, und wo das Bootshaus und der Steg hinkommen sollten, das hatte er auch bedacht, gehört schließlich dazu, und als erstes hat er den Steg gebaut, und zwar in einer stillen Bucht unter Land, gut vor Wind und Wetter geschützt, die von Westen vom Meer her über Holmen kommen, ja und dann wurde das Wohnhaus gebaut, vielleicht nicht gerade groß und prächtig, aber hübsch genug und jetzt, jetzt lag Marta da drin in der Kammer und würde ihm endlich einen Sohn gebären, jetzt sollte der kleine Johannes zur Welt kommen, da war er ganz sicher, dachte Olai am Kopfende vom Küchentisch, auf seinem Stuhl, den Kopf in die Hände gestützt, wenn nur bloß alles gutging, wenn Marta nur bloß eine gute Geburt hatte, das Kind zur Welt brachte, wenn das Kind, der kleine Johannes, bloß

Er schöpft noch mehr heißes Wasser in die Schüssel und er hört die Hebamme Anna sagen, jetzt ist es sicher genug.

nicht drin blieb in der Marta ihrem Bauch und sie es beide nicht überstanden, Marta und der kleine Johannes, wenn bloß nicht das, was damals an dem schrecklichen Tag seiner Mutter widerfahren war, jetzt auch Marta widerfahren würde, nein den Gedanken erträgt er nicht, denkt Olai, denn Olai und Marta passen so gut zueinander, geliebt haben sie einander von der ersten Stunde an, denkt Olai, und jetzt? wird ihm die Marta jetzt weggenommen? will Gott ihm so böse? nein das will er ganz gewiß nicht, aber daß

Satan diese Welt genauso lenkt wie der Liebe Gott, daran hat Olai nun nie Zweifel gehabt, diese Welt wird ebenso von einem geringeren Gott gelenkt oder von dem Bösen selbst, aber eben nicht nur, denn der Liebe Gott ist auch noch da, so ist das, denkt Olai am Kopfende vom Küchentisch auf seinem Stuhl, das Gesicht in die Hände gestützt, nein der Liebe Gott hatte ihm wohlgewollt, bislang, es war ihm gut ergangen und er hatte seine Frau und seine Tochter Magda beide so lieb, nein er hatte nicht zu klagen, ja solange sie Magda hatten, da hatten sie nicht zu klagen, sondern lobpreisen sollten sie den Herrgott, daß sie sie hatten, ja so dachten sie alle beide, Marta und er auch, und dann hat der Marta ihr Bauch angefangen zu wachsen und dann war ihnen beiden klargeworden, daß der Herrgott ihnen noch ein Kind geschenkt hatte, und als es keinen Zweifel mehr daran gab, dankten sie dem Herrgott für diesen Segen, noch ein Kind und diesmal wurde es sicher ein Junge, jetzt sollte der kleine Johannes geboren werden, da war Olai ganz sicher und jetzt waren also der Tag und die Stunde gekommen und jetzt dauerte und dauerte das, dachte Olai da am Kopfende vom Küchentisch, den Kopf in die Hände gestützt, jetzt sollte der Junge zur Welt kommen, das war sicher, unsicher war nur, ob er es lebendig auf diese Welt schaffen würde, auf diese harte Welt, ja jetzt kam alles darauf an, dachte Olai, aber wenn der Kleine gesund zur Welt kam, dann gab es keinen Zweifel, wie er heißen würde, schon vor langem hatte er zu Marta gesagt, daß das Kind, mit dem sie schwanger war, Johannes heißen sollte wie sein, Olais, Vater und sie hatte ihm nicht widersprochen, ja das paßt doch gut, hatte sie gesagt, daß der Junge Johannes heißen sollte wie sein Vater, denkt Olai und jetzt, warum ist es jetzt so still da in der Kammer? stimmt etwas nicht? aber als die alte Anna vorhin in der Küche war, heißes Wasser holen, hat sie doch nicht gewirkt, als würde etwas nicht stimmen? nein der alten Anna war nicht anzumerken, daß irgendwas nicht so war, wie es sein sollte, denkt Olai und er fühlt sich sofort ruhiger, ja fast glücklich fühlt er sich auf einmal, ja wie schnell sich das ändert, was, nicht zu glauben, ha, denkt Olai, jetzt wird ein kleiner Junge, der kleine Johannes, das Licht der Welt erblicken, da drin in der Marta ihrem Bauch ist er herangewachsen, bis er groß und stark und schön genug war, erst ist er überhaupt nichts gewesen, jetzt ist er zu einem Menschen geworden, einem kleinen Kerl, ja da drin in der Marta ihrem Bauch hat er Finger gekriegt, Zehen und ein Gesicht, er hat Augen gekriegt und ein Gehirn und vielleicht sogar ein bißchen Haare, und jetzt kommt er bald raus, die Marta, seine Mutter, schreit in den Wehen, jetzt muß er hinaus in diese kalte Welt und dann ist er darin, allein wird er sein, immer allein und dann wird er, wenn alles herum ist, wenn seine Zeit gekommen ist, sich auflösen und wieder zu nichts werden und wieder dahin zurückgehen, wo er hergekommen ist, von nichts zu nichts, das ist der Gang des Lebens, für Menschen, Tiere, Vögel, Fische, Häuser, Schüsseln, für alles, was ist, denkt Olai und dann gibt es noch so viel mehr darüber hinaus, denkt er, denn obwohl man so etwas denken kann, von nichts zu nichts, ist es doch nicht nur so, es gibt so viel mehr als das, aber was ist all das andere? der blaue Himmel, die Bäume, an denen Blätter wachsen? das Wort, das am Anfang war, wie es in der Heiligen Schrift steht und das dafür sorgt, daß man etwas verstehen kann, Tiefes und Lustiges, was ist dies andere? nein wer weiß, wer kann das sagen? denn es muß wohl Gottes Geist sein, der in all dem ist und es zu mehr als nichts macht, der es zu Sinn und Farben werden läßt, und damit, denkt Olai, ist ja Gottes Wort und Geist in allem, so ist das ja, da ist er ganz sicher, denkt Olai, aber daß der tätige Willen Satans auch da ist, da ist er genauso sicher, und ob vom einen mehr da ist oder vom anderen, nein, da ist er ganz und gar nicht sicher, denkt Olai, denn sie kämpfen miteinander, diese beiden, darum, wer der Stärkere ist, und so war das wohl schon, als die Welt erschaffen wurde, denkt Olai, daß Gott die Welt gut geschaffen hat und er allmächtig ist und allwissend, wie sie immer sagen, die Gottesfürchtigen, nein, daran hat er nie so besonders geglaubt, aber daß es Gott gibt, nein, keine Frage, denn Gott gibt es ja, aber weit weit weg und ganz ganz nah, denn er ist in jedem einzelnen Menschen,

Und jetzt, da drin in der Kammer, kämpft der kleine Johannes wahrscheinlich um sein Leben, der kleine Johannes, sein Sohn, jetzt soll sein kleiner Sohn auf diese harte Welt kommen.

und daß die Entfernung zwischen dem fernen und absolut nicht allmächtigen Gott und dem einzelnen und absolut nicht allmächtigen Menschen kleiner wurde, als Gott Mensch geworden war und unter uns lebte, damals, als Jesus hier auf Erden wandelte, nein daran hat er auch nie gezweifelt, aber daß Gott alles regiert und daß alles, was passiert, Gottes Absicht ist, nein daran glaubt er nicht, so wahr er Olai ist und Fischer und mit Marta verheiratet und Sohn vom alten Johannes und jetzt, in dieser Stunde, Vater von einem kleinen Bengel wird, der Johannes heißen soll wie sein Großvater. Es gibt einen Gott, ja, denkt Olai. Aber er ist weit weg, und er ist ganz nah. Und er ist weder allmächtig noch allwissend. Und dieser Gott herrscht nicht allein über die Welt und die Menschen, na ja, da ist er schon, aber er ist bei seinem Schöpfungswerk gestört worden, denkt Olai und weil er so denkt, ist er wahrscheinlich ein Heide, er kann nicht zu seinem Glaubensbekenntnis stehen, nein kann er nicht, aber er kann auch nicht so tun, als wüßte er nicht, was er weiß, und als hätte er nicht gesehen, was er gesehen hat, hätte nicht verstanden, was er verstanden hat, und es ist ja schwierig, das, was er weiß, in Worte zu fassen, denn sein Wissen ist wohl eins, das man gar nicht mit Worten sagen kann, es ist wohl ebensosehr eine Sorge wie ein Wort, und sein Gott ist wahrscheinlich, wenn er es denn sagen muß, nicht von dieser Welt, er ist ein Gott, den man ahnen kann, wenn man die Welt verleugnet, dann zeigt er sich, ja seltsam, sowohl in den einzelnen Menschen als auch in der Welt, denkt Olai und er kann von dem, was sein Gott ihm sagen will, ein bißchen was hören, wenn ein Spielmann gut spielt, ja dann ist er da, denn gute Musik drängt die Welt beiseite, aber das mag Satan nicht und deswegen sorgt er immer für so viel Lärm und Getöse, wenn ein wirklich guter Spielmann aufspielen will und das ist schrecklich, denkt Olai, und jetzt, da drin in der Kammer, kämpft der kleine Johannes wahrscheinlich um sein Leben, der kleine Johannes, sein Sohn, jetzt soll sein kleiner Sohn auf diese harte Welt kommen, und das ist vielleicht einer der schwersten Kämpfe im Menschenleben, aus seinem Ursprung da drin im Mutterleib herauszumüssen und sein eigenes Leben anzufangen da draußen in der harten Welt, denn schon jetzt ist man sowohl mit Gottes Güte verbunden als auch mit einem geringeren Gott oder einem Satan, nein jetzt muß er mit dieser Grübelei aufhören, was soll das denn, also wirklich, ja ja, denkt Olai und er steht auf und er hört Marta schreien und er hört die alte Anna sagen, ja ja, drück, noch ein bißchen, gut machst du das, Marta, und die alte Anna sagt noch etwas und um seinen Kopf ist so ein Druck und die Dunkelheit ist nicht mehr rot und weich und alle Geräusche und das gleichmäßige Klopfen a a da da a a a da a und a u so a e a e a Brausen a Sausen a der alte Fluß und es wiegt i a e a i e a e Wasser e a und e u a alles ist ja sa sa a sa gleichmäßig sa und die Stimmen und dann diese schrecklichen Geräusche und der Druck e a e und so kalt Schneiden a a Schleifen Stein zurückgehen a und a voran und alles was passiert u gegen einen und die Beine und Arme tun weh alles tut weh die Finger und krümmen i a drücken ö und alles e das e stilles Wasser e a u a und das harte Brummen und Stimmen e ne a a en a e a ja a und dann ist e Licht ü weg i weit weg alles ist woanders a a und es ist nicht mehr da aber es braust und dann ein Geräusch und etwas stößt ihn von sich irgendwie in etwas hinein und dann Hände und Finger in den Fingern krümmt sich und all die Alten und alles ist nicht mehr da in einem alten Haus aus Wasser in einem alten Meer aus Grün und leuchtende Sterne schießen weg und kommen nah herbei und sie kommen und nichts ist mehr deutlich aber in allem eine Klarheit wie von einem Stern und eine weiche und abgegrenzte kalte Linie von der Erde her und dann diese Stille i eine große und alte Stille von dort und nicht mehr von dort drin aber etwas das sein sollte aber es kommt nicht wieder es verschwindet und das Verschwinden ist nichts anderes als das Alte und nie dasselbe und dann der deutliche Schrei klar ein Schrei deutlich wie ein Stern und dann wie ein Namen und ein Sinn ein Wind dieser Atem ein ruhiger Atem und dann ruhig ruhig ruhige Bewegungen und Stoff weich Weiße nichts so Altes aber von Meer ein Tuch und nicht dunkel und rot sondern trocken und furchtbar still und dann eine Hand und dieser Schrei ist fort und dann weich weich genau wie das Rote und Dunkle und weich und warm und dann weiß und weich und warm da zwischen den Lippen und fest und weiß und alles ist still und dann du bist so süß du so süß ein hübscher Junge bist du und keiner ist so hübsch wie du keiner es gibt keinen der so hübsch ist wie du du bist der Schönste der Beste Ja ein hübscher Junge ja Er ist so hübsch Ja mein Gott Du hast einen Sohn bekommen und weich und feucht und dann diese wundersame ruhige Ruhe und dann u u o und das Weiße und u und weich dann o und hart und u o dann o o und dann weiß und dann fast heiß und o o dann still Er soll Johannes heißen ja So soll es sein ja und dann weggleiten und nicht sein Ein hübscher Junge Johannes ja und in diesem bleiben hierbleiben wo nichts anderes Johannes soll Fischer werden wie sein Vater Das soll Johannes ja und dann ruhig still bleiben und da und da und dann dann und Olai steht da, neben dem Bett drinnen in der Kammer und er sieht den kleinen Johannes an der Marta ihrer Brust liegen und seine kurzen dünnen Haarsträhnchen kleben ihm flach an der Stirn und Marta liegt mit geschlossenen Augen da und atmet ruhig gleichmäßig lange Atemzüge langsam und der kleine Johannes liegt an ihrer Brust und saugt und saugt

Ein hübscher Junge bist du, ja, sagt Olai

Ja ein niedlicher kleiner Junge, nichts fehlt, sagt die alte Anna

Und alles ist gutgegangen, sagt sie

Mutter und Kind wohlauf, sagt sie

Und jetzt müssen sie sich ausruhen, sie haben sich verausgabt, die Mutter und der Kleine, jetzt müssen sie sich ausruhen, sagt sie

Ja und danke für deine gute Hilfe, sagt Olai

Danke lieber dem Herrgott, sagt die Hebamme Anna

Aber jetzt mußt du mich eigentlich bald wieder nach Hause bringen, sagt sie

Ja mach ich, ja, sagt Olai

und Olai steht da und schaut zu Marta und dem kleinen Johannes hin an ihrer Brust, die jetzt groß und schwer ist, noch nie hat er ihre Brüste so groß und schwer gesehen, groß und weiß sind sie und voll mit kleinen Adern und Marta liegt da und sieht gesund und hübsch aus, aber auch unendlich müde und wundersam ruhig sieht sie auch aus, wie sie da liegt mit geschlossenen Augen und langsam und tief atmet wie von einer Ruhe weit außerhalb des Körpers, denkt Olai, wo er in der Kammer neben dem Bett steht und Marta und den kleinen Johannes an der Marta ihrer Brust anschaut

Geht es dir gut Marta? fragt Olai

und er denkt, er hat einfach was sagen müssen, konnte nicht nur dumm dastehen und nichts sagen in einem solchen Moment, denkt Olai neben dem Bett, in dem Marta liegt mit dem kleinen Johannes an der Brust und Marta antwortet nicht und Olai sieht Marta die Augen aufschlagen und ihn ansehen und er kann ihre Augen nicht verstehen, sie schauen ihn von irgendwo weit weg an und sie wissen irgendwie etwas, was er nicht weiß, und er hat die Frauen eigentlich nie so ganz verstanden, irgendwas wissen die, etwas, was er nicht begreift, was sie nicht verraten und sicher auch nicht sagen können, weil es sich nicht sagen läßt

Ja, sagt Marta nur leise

Das ist gut, sagt Olai

Sie ist einfach nur müde, weißt du, sagt die Hebamme Anna

Ja müde, sagt sie noch einmal

und Olai sieht Marta nicken und er sieht sie die Augen wieder schließen und dann hört er sie wieder atmen, ruhig, langsam

Und bring Magda mit nach Hause, sagt Marta von tief in sich drinnen

Ja natürlich, mach ich, sagt Olai

und er begreift nicht, warum der Marta ihre Stimme von so tief in ihr drin kommt, sie spricht, als wäre sie irgendwie gar nicht hier in der Kammer, wo er ist, sondern ganz woanders, wo nur sie ist, in einer großen Ruhe drinnen

Damit sie ihren Bruder begrüßen kann, sagt Marta

und sie spricht immer noch mit geschlossenen Augen und aus einem langsamen und tief ruhigen Atem
Ja solange er noch ganz am Leben ist, sagt Marta

Aus dem Norwegischen von Hinrich Schmidt-Henkel

Pressestimmen

»In Jon Fosses Sprache verbinden sich Rhythmen und Intervalle so meisterlich, daß man unweigerlich an Bachs Werke erinnert wird.« Libération

»Jon Fosses große Kunstfertigkeit besteht darin, seine Gegensatzpaare – Sehnsucht und Hoffnungslosigkeit, Einfalt und Wahn – so zu verspannen, daß sie die größtmögliche dramatische Wirkung zeigen. … ›Melancholie‹ ist ein düsteres, verzweifeltes Buch, ein Stück Großkunst, dem man auf dem ganz auf handhabbare Kleinkunst fixierten deutschen Buchmarkt herzlich alles Gute wünschen möchte. … Ein schwerer Fall von Weltliteratur.«
Süddeutsche Zeitung

»Es gab Henrik Ibsen, dann kam nichts – jetzt gibt es Fosse.«
Die Woche

»Jon Fosses den Leser sofort mitreißende erzählerische Technik verdankt sehr viel Johann Sebastian Bach, und der hat bekanntlich das Göttliche in ein wirklich weltliches Musikverständnis gebracht, das die Frage nach Gott nur als Kunst selbst beantwortet. ›Melancholie‹ ist der große Auftritt des Dramatikers als Romancier, und wer ersteren auch nur ein bißchen kennt, wird sich in den anderen schnell vertiefen können.«
Frankfurter Allgemeine Zeitung

»Einer der besten europäischen Autoren über einen der besten Landschaftsmaler aller Zeiten: Jon Fosses ›Melancholie‹ ist ein Edelstein von einem Roman.« Der Spiegel

Joachim Fest

Horst Janssen

Selbstbildnis von fremder Hand

Autor und Buch

Joachim Fest, geboren 1926 in Berlin, ist Publizist und Historiker. Ab 1963 war er Chefredakteur des Norddeutschen Rundfunks und von 1973 bis 1993 Herausgeber der ›Frankfurter Allgemeinen Zeitung‹. Er hat eine Vielzahl historisch-politischer Bücher veröffentlicht, darunter ›Hitler‹ (1973), ›Staatsstreich. Der lange Weg zum 20. Juli‹ (1994) und ›Speer‹ (1999). Doch Fest verfaßte auch immer wieder Werke zu literarisch-kulturellen Themen: So erschien 1985 der Essayband ›Die unwissenden Magier. Über Thomas und Heinrich Mann‹, und 1988 folgte die italienische Reisebeschreibung ›Im Gegenlicht‹. Sein neues Buch ist ein sehr persönliches; es ist Horst Janssen gewidmet, mit dem Joachim Fest eine jahrzehntelange, enge Freundschaft verband.

Janssen, der 1929 in Hamburg geboren wurde und dort 1995 starb, war einer der bedeutendsten Zeichner und Graphiker unserer Zeit. Die Zahl der Sammler und Bewunderer seiner Kunst geht in die Hunderttausende. Um so erstaunlicher ist es, daß es zwar großformatige Kataloge und Broschüren gibt, aber kein hautnah gezeichnetes biographisches Porträt wie dieses.

Joachim Fest hat über fünfundzwanzig Jahre Notizen von seinen Gesprächen mit Janssen angefertigt. Das Buch, das daraus entstanden ist, gibt Aufschluß über eine exzentrische Lebensgeschichte – gespiegelt in den Empfindungen eines Freundes. Im Mittelpunkt stehen Gespräche über »Gott und die Welt« oder, wie Janssen zu sagen vorzog, »den Teufel und die Welt«. Sie enthalten bizarre Episoden aus Janssens frühen Jahren, Werkstattfragen, Reflexionen über die Gegenwartskunst, seinen Dauerkampf gegen den Alkohol oder die Eifersuchtskomödien, die er

beklagte und gleichzeitig anzettelte. Es sind Erinnerungen voller Geschichten. Da ist der abgeschossene britische Bomberpilot, der vor den Augen des Kindes Janssen zu Staub zerfällt, oder der mittels eines denkbar alltäglichen Gegenstands, eines Hutes nämlich, zur Verzweiflung getriebene Herr Vollmer. Da sind aber auch, um noch ein weiteres Beispiel zu nennen, die Geheimnisse eines von Janssen erfundenen High-Society-Games, des sogenannten »Maikäferspiels«.
Von den Selbstbildnissen Janssens hat man gesagt, sie eröffneten, über die individuelle Augenblickserfahrung des Zeichners hinaus, immer auch einen Blick ins allgemein Menschliche. Dieses Buch will nichts anderes – und ist zugleich das bewegende Dokument einer außergewöhnlichen Freundschaft.

»Mein langes, unsäglich kurzes Leben«

Aus dem Buch

11. August 1971
»Herr Vollmer im Büro am Ausschlägerweg«, erzählte Janssen heute, »wo ich als Gelegenheitsarbeiter mit Reini Drenkhahn einige Zeit arbeitete, war die Verkörperung des Büropedanten. Ein bißchen Spitzweg, ein bißchen feiner Herr, ein bißchen Gogol. Er trug nie anderes als einen abgeschabten Nadelstreifenanzug. Die Ellenbogen waren ausgebeult, der weiße Hemdkragen nie ganz frisch, die Schuhe etwas zu schwerfällig für den Herrn, der er sein wollte und vielleicht auch war.
Wenn er mittags pünktlich kurz vor halb eins das Büro verließ, um in ein nahes Restaurant zu gehen, absolvierte er Tag für Tag das gleiche Ritual. Mit wenigen groß bemessenen Schritten trat er vor den Garderobenspiegel, zog die Krawatte zurecht, versuchte, das lappig herunterhängende Kavalierstuch aufzuzupfen, feuchtete die Fingerspitzen an und fuhr sich damit über die dünnen Haarspitzen. Dann griff er nach dem Hut auf der Ablage, drehte ihn ein paarmal in Augenhöhe hin und her und setzte ihn

nach kurzem Hochhalten mit beiden Händen auf, wobei er einen kleinen Knicks vollführte. Jetzt war er gewappnet, rief noch ein knappes ›Mahlzeit!‹ zum Sekretariat hinüber und verschwand. So jeden Tag.

Drenkhahn und ich waren zu jener Zeit völlig mittellos. Das bißchen Geld, das wir für unsere Arbeit kriegten, reichte gerade für die zweimal 1 Mark 50, die wir für unsere Tagesration Doppelkorn und Zigaretten brauchten. Aber für den Spaß, den wir uns eines Tages ausgedacht hatten, sparten wir und kratzten alles zusammen, setzten uns sogar eine Zeitlang auf halbe Ration. 7 Mark 30 war die Riesensumme. Damit kauften wir einen Hut der selben Marke, wie Vollmer ihn besaß. Die Pointe bestand darin, daß er zwei Nummern kleiner war.

Im Lauf des Vormittags vertauschten wir die beiden Hüte und machten uns zur Mittagszeit mit irgendeiner sinnlosen Tätigkeit rund um das Sekretariat zu schaffen. Als Vollmer um 12 Uhr 25 den Raum betrat, die Krawatte gerichtet, das Kavalierstuch gezupft sowie die Haarenden geglättet hatte und schließlich nach dem Hut griff, um ihn senkrecht von oben auf den Kopf zu drücken, stellte er entgeistert fest, daß der Hut zu klein war. Er wiederholte die Prozedur, in der sich für ihn so was wie die unerschütterliche Ordnung der Welt spiegelte, ein ums andere Mal, blickte um sich, machte dann, unschlüssig und verwirrt, ein paar Schritte zu den Sekretärinnen hin, besann sich aber. Ein wütender Blick streifte auch uns, bevor er noch einmal vergeblich versuchte, den Hut aufzusetzen. Schließlich verließ er die Räume ohne Kopfbedeckung und ohne das gewohnte ›Mahlzeit!‹.

Als Vollmer in vermutlich unausdenkbarer Unruhe sein Essen eingenommen hatte und früher als üblich zurückgekehrt war, griff er als erstes wieder nach dem Hut. Aber, o Wunder! Der Hut paßte, da wir in der Zwischenzeit die beiden Kopfbedeckungen erneut ausgetauscht hatten. Kopfschüttelnd ging Vollmer in sein Büro, kam auch noch mehrfach in die Garderobe zurück, um mit immer neuer, dünnlippiger Verblüffung festzustellen, daß der Hut paßte. Die Welt schien wieder in Ordnung.

Die Faszination einer Theaterfigur: ein Kerl von mehr als hundert Kilo Gewicht mit dem stets griffbereiten Flachmann als Tröster. Janssen Mitte der sechziger Jahre.

Doch am folgenden Tag machte er die seltsame Erfahrung aufs neue, und an allen weiteren Tagen der Woche auch. Schließlich suchte er einen jungen Arzt in der Nachbarschaft auf und berichtete ihm von der merkwürdigen Wahrnehmung, daß sein Kopf im Hungerzustand offenbar anschwelle und jeweils nach dem Essen wieder auf Normalgröße schrumpfe. Der sichtlich geistesgegenwärtige Arzt erwiderte, er habe soeben einen Aufsatz über dieses Phänomen in einer amerikanischen Fachzeitschrift gelesen. Zwar gebe es noch keine erprobte Therapie dafür, aber dem Aufsatz habe er, dank seiner medizinischen Kenntnisse, immerhin entnehmen können, welches Mittel der seltsamen Zivilisationskrankheit womöglich abhelfen könne. Er verschrieb Herrn Vollmer irgendeine weiße Salbe, und als wir rund acht Tage später aus Langeweile das Spiel beendeten, stand Vollmer morgens im Büro und sprach, entgegen aller sonstigen Wortkargheit, beseelt vom Wunder seiner Heilung.

Wohin wir danach bei Erledigung der Firmenaufträge kamen, hörten wir das Lob des Dr. Dehnkamp singen, der es als junger, unbekannter Arzt im unansehnlichen Hamburger Büroviertel geschafft hatte, die Ursachen einer seltenen Krankheit zu erkennen und das geeignete Heilmittel dagegen zu verschreiben.« [...]

17. August 1972

Janssen über seine Ehe mit Marie Knauer, die er gegen den entsetzten Widerstand der »stockbürgerlichen Eltern« geheiratet habe, bald nachdem er aus dem Gefängnis gekommen sei – weil er endlich »ein bißchen Sicherheit« haben wollte. Die Flitterwochen hätten sie auf Sylt verbracht, weit weg von der Welt. Alle Verrücktheiten, alle Schlägereien und Abführungen auf die Polizeiwachen seien plötzlich weg gewesen: »Sie schlief, ich arbeitete und wachte über unsere Idylle – es waren herznahe Zeiten.«
Leider habe er das, wie so häufig, nicht durchgehalten. Ein paar Jahre immerhin. Auch habe Marie ihn, als ihre Tochter Lamme geboren wurde, vom Alkohol weggebracht. Es sei die Zeit gewesen, als die Holzschnitte entstanden: »Mein Durchbruch zu mir selbst.« Dann sprach er unvermittelt von seinem »langen, unsäglich kurzen Leben«. [...]

6. April 1975

Janssen heute in Dozierlaune. Sich die Hände reibend, ging er im Arbeitszimmer auf und ab und belehrte den Gast über, wie er es nannte, den »Teufel und die Welt«. Er habe nun, führte er aus, eine seiner Hauptmalaisen erkannt und müsse nur noch herausfinden, wie er dagegen ankäme. Der Obersatz laute, daß für ihn das halbe Vergnügen immer schon die ganze Qual bedeute. Und das käme so: Schon begrifflich sei das halbe Vergnügen zugleich die halbe Qual. Weil er aber die fehlenden 50 Prozent Vergnügen so sehr vermisse, daß es ihn fast um den Verstand bringe, kämen mindestens noch einmal 50 Prozent Qual dazu. Obwohl ich sagte, ich hätte begriffen, ließ er es sich nicht nehmen, seine Rechnung auch schriftlich aufzumachen. Er schrieb:

anstatt reuig
4/973
für Joachim Fest

»50 Prozent Qual (wozu man sagen kann: geht ja noch!), aber: + 50 Prozent Verzweiflung darüber, daß man am Vergnügen Abstriche vorzunehmen hat = 100 Prozent (mindestens) Qual«

Wiedergutmachung nach einem Streit: »Anstatt reuig«, ein Selbstporträt von 1973.

Ich wies ihn auf den sophistischen Trick hin, mit dem man zu dem entgegengesetzten Ergebnis käme. Etwa: 50 Prozent Vergnügen + 50 Prozent Sehnsucht nach den ausstehenden 50 Prozent = 100 Prozent Vergnügen.

Doch wie immer, wenn er selber in belehrender Stimmung ist, wollte er keine Belehrung hören. Sein Problem sei doch die alles vergiftende halbe Qual, beharrte er. Ich widersprach mit dem Hinweis, daß er unter der Vergiftung zu leiden vorgebe, doch in Wirklichkeit die Qual als »süßes Gift« wie eine Droge benötige. Lange, von seiner Seite mit virtuosen Haarspaltereien geführte Auseinandersetzung.

Was er nicht bedenkt und vermutlich nicht einmal denken kann, sind die balancierten Zustände. Denn sie machen das Leben (wie das Zusammenleben) überhaupt erst möglich. Er will unablässig die ganz große, ohne Rest erlebte Emotion. Aber die gibt es nicht und sollte es wohl auch nicht geben. Denn die Domestizierung und also auch die Dämpfung der Gefühle machen das zivilisierte Wesen aus. Alle rückstandslos ausgelebten Empfindungen wirken verheerend und zerstörerisch. Darüber dozierte ich nun eine Weile, und er ließ mich erstaunlicherweise reden, wie zurechtweisend sich mein Vorbringen auch ausnahm. Am Ende sagte ich, er gehöre »insoweit nicht zur zivilisierten Gesellschaft«.

Ich war mir bewußt, mit dieser Bemerkung ziemlich weit gegangen zu sein. Aber er war offenbar nicht in der Stimmung für den großen, rechthaberischen Auftritt. Vielmehr sagte er, halb nachdenklich, halb resigniert: »Was heißt ›insoweit‹?« Er gehöre überhaupt nicht dazu. Beim Auseinandergehen gab er sich fast herzlich. […]

6. April 1977
Janssen bemerkt, er hätte gern einen Schüler. Vielleicht werde er ein Traktat schreiben über den Satz: Wer Krise sagt, sagt auch Talent. […]

2. Februar 1978
Janssen über den »babylonischen Bau« seines Lebenswerks. Zwar gebe es keine Verständigung zwischen den einzelnen Stockwerken, aber jeder könne auf den ersten Blick bemerken, daß alles, vom Fundament bis zur höchsten Zinne, von demselben Baumeister stammt. […]

17. August 1981
Janssen erzählt die Geschichte vom Anruf Guy de Rothschilds, die sich irgendwann im vergangenen Jahr zugetragen hat. Als ihm der Auftrag erteilt worden sei, ein Etikett für einen der Weine des Hauses anzufertigen, habe er sich geschmeichelt gefühlt und, um sich ein »hübsches Entree« zu verschaffen, zunächst begonnen, eine Radierserie von Köpfen des großen französischen Jahrhunderts herzustellen. In einige Verlegenheit sei er geraten, als man ihn nach dem Honorar für die siebzehn Platten gefragt habe. »Welchen Preis nennt man einem Rothschild?« sagte er, »doch nicht Geld! Aber was dann?« Weil er sich nicht entscheiden konnte, habe man schließlich verabredet, die Dinge in einem Telefongespräch zu regeln.
Damit das »Rendezvous am Telefon« den gebührenden Zuschnitt erhalte, habe er sich eine Anzahl Gäste ins Haus geladen, zwölf oder fünfzehn, um für das »historische« Gespräch auch Zeugen zu haben. Die meisten seien schon lange vor dem vereinbarten Zeitpunkt eingetroffen, alle bewegt von der Frage, wie sie sich wohl verständigen würden, der berühmte Weingutbesitzer und er, der »Immer-Noch-Bürgerschreck« aus Hamburg. »Alle standen erwartungsvoll hier herum«, fuhr Janssen fort, »ich selber hatte mir den Armsessel ans Telefon gerückt, ein riesiger Blumenstrauß war auch da.«

Erst in diesem Augenblick sei ihm der Gedanke gekommen, welches Honorar er verlangen sollte. Als pünktlich auf die vereinbarte Minute das Telefon schrillte, seien alle verstummt und hätten gespannt und merkwürdig aufgeregt zu ihm hingesehen. »Ich selbst«, fuhr Janssen fort, »war ganz ruhig, registrierte mit einem Lächeln, aber ohne mich zu rühren, wie immer wieder der Apparat läutete. Nach vier oder fünf Klingelzeichen fingen sie an, durcheinanderzurufen und mich zunehmend lauter aufzufordern, endlich den Hörer abzunehmen. Es war überwältigend! Auf allen Mienen Verblüffung, bei manchem auch eine Art Entsetzen, daß ich bewegungslos auf meinem Stuhl sitzen blieb. Ich ließ es einfach läuten, fünfzehnmal ungefähr, wenn ich in dem Geschnatter ringsum richtig gezählt habe. Aber jedes Rufzeichen war so etwas wie ein Triumphsignal. Ich genoß es wie selten was. Der große Guy de Rothschild hatte mich, den Enkel eines Schneiders, den unehelichen Sohn von Martha Janssen aus Oldenburg, anzurufen versucht, und ich hatte nicht abgenommen! Es war das schönste Honorar, das ich je bekommen habe.«

Janssen amüsierte sich über meine Bemerkung, er sei ja tatsächlich gerade nicht abkömmlich gewesen, weil er das Haus voller Gäste gehabt habe. »So ist es«, meinte er, »irgendwer hatte wohl vergessen, das dem Baron mitzuteilen.« […]

2. Februar 1985

Ich zitierte, weil wir von Bosheit, Misanthropie und Weltverachtung als Voraussetzungen sprachen, die der Künstler auch haben müsse (Beispiele: Goethe, Thomas Mann für das eine, Overbeck, die Nazarener oder Burne-Jones für das andere), den Satz von Gottfried Keller: »Wer keine bitteren Erfahrungen und kein Leid kennt, der hat keine Malice, und wer keine Malice hat, bekommt nicht den Teufel in den Leib, und wer diesen nicht hat, der kann nichts Richtiges erarbeiten.«

Janssen sprachlos, mit offenem Mund sozusagen. Dann halb in Begeisterung, halb in Tränen: »Das hat er für mich geschrieben. Und für sich womöglich noch – der sanfte, dicke Zwerg!« Da-

zu: »War er doch, oder nicht?« Ich erzählte ihm etwas über Keller, die Enge der häuslichen Verhältnisse des »Staatsschreibers«, die Herrschsucht der Schwester und sein heftiges Temperament, ließ aber vorsichtshalber alles aus, was ich über seine Zechabende wußte, wo er, wie ich unlängst las, seinen eigenen Worten zufolge, »für sieben Mann soff«. Janssen bat mich um den Wortlaut des »Malicen-Zitats«. [...]

»Alles, was ich gemacht habe, ist Teil einer langen Sterbensgeschichte.« Janssen am Arbeitstisch, 1980.

6. Dezember 1987
Als wir heute auf das Zeichnen kommen, meint er: »Jedesmal, wenn ich dahocke und die Striche setze, erleide ich einen kleinen Tod. Nicht nur, wie die Leute meinen, bei den verdüsterten Selbst-

porträts. Bei den beruhigten Porträts ebenso und bei den Stilleben oder friedlichen Landschaften auch. Alles, was ich gemacht habe, ist Teil einer langen Sterbensgeschichte. So läßt es sich begreifen. Auf diese Weise sogar am besten.«
Wieder einmal sehr pathetisch, überlegte ich. Dennoch nahe am Schwarzen. Oder sogar mittendrin? [...]

12. Februar 1992
Janssen unzufrieden mit allem, was er zustande bringt. Er pansche noch immer herum, mache dies und jenes, wisse aber nicht wirklich weiter. Selbst die »Pornostrippe« habe sich erschöpft. Mit Erstaunen und nicht ohne Erschrecken habe er unlängst die Dramatik bemerkt, die sich überall in seine Arbeiten eindränge: »Es ist alles durchkämpft«, bemerkt er, »immerzu Totentanz.« Er habe die wirkliche Freiheit verloren. Und von den Landschaften: »Es gibt die chamoisfarbenen Himmel nicht mehr, die ich so geliebt habe. Ich liebe sie noch immer, aber sie wollen sich nicht einstellen.« [...]

10. Januar 1995
Anruf Janssens, der mir mitteilt, er habe sich endgültig entschlossen, am 29. März zu Ernst Jüngers hundertstem Geburtstag nach Saulgau zu fahren. Seine Absicht sei, etwa eine Woche vorher aufzubrechen und in K. eine »Logierpause« einzulegen.
Er schien in gefestigter Verfassung, obwohl durchgesickert war, daß er die Weihnachtstage bis dicht vor dem Jahreswechsel zur Beobachtung von Herz und Kreislauf im Krankenhaus verbracht hatte. Er wehrte aber die Frage danach mit den Worten ab, wer denn das nun wieder behaupte, und wechselte eilig zu etwas weit hergeholten, auffällig pointenlosen Geschichten. Welche Unruhe ihn erfüllte, kam zum Vorschein, als ich einen Augenblick lang schwieg: »Keine Pause, bitte!« rief er plötzlich in die entstandene Stille. »Um Himmels willen: weiterreden! Am besten lustige Sachen, damit sich der Tod unterhalten fühlt. Dann vergißt er nämlich das Zupacken. Man muß immer weiterreden!«

Vertrauliche Ironie sei der haltbarste Grund jeder Freundschaft, liebte Janssen zu sagen. Doch habe er die längste Zeit weder die Kraft noch die Nerven dazu gehabt. Janssen mit dem Verfasser, 1993.

Als wir eingehängt hatten, dachte ich wieder an das merkwürdige, geradezu leibhaftige Bild vom Tod, das er sich zurechtgemacht hat. Etwas später trat die Überlegung hinzu, ob er mit der Aufforderung zum »Weiterreden« nicht die Maxime enthüllt hatte, die ihn sein ganzes ruheloses Leben lang vorangetrieben hat: so daß das Riesenwerk mit den immer gleich nach Hunderten und sogar Tausenden zählenden Hervorbringungen am besten als ein einziger Versuch zu verstehen wäre, den Tod zu unterhalten, ihn abzulenken – und am Ende womöglich zu betrügen.

Stimmen

»Horst Janssen war einer der größten Zeichner unseres Jahrhunderts.« Tomi Ungerer

»Wer über Horst Janssen zu schreiben versucht, der scheitert in der Regel an den viel zu vielen Facetten seines Genies; sie darzustellen ist fast unmöglich. Er war eben nicht nur der Meister von Stift und Pinsel, mindestens ebenso beherrschte er die Sprache – altmeisterlich, phantasievoll, präzise. Er wußte zu ›wörtern‹, wie er es nannte, und er war ein Dichter.« Manfred Bissinger

»Ich halte Janssen für den größten bildenden Künstler unserer Jahre. Wohlgemerkt: nicht für einen Bahnbrechenden, der programmatisch, und damit ideologisch, neue Dimensionen erschließt, sondern für den Eigenartigsten, der in jedem Bild – und in den Konturzeichnungen in jedem Strich – seine individuelle und streng distanzierte, ja, abseitige künstlerische Existenz belegt und durch diese Konstante in seiner Aussage – sprechen wir es aus – erschüttert.« Wolfgang Hildesheimer

Stefan Siegert

Mozart

Die Bilderbiographie

Autor, Zeichner und Buch

Stefan Siegert, geboren 1946, lebt als freier Autor und Zeichner in Hamburg. Er arbeitet für Zeitschriften, Magazine und den Hörfunk über Klassische Musik und Themen wie Wein, Essen und Reisen. Seit 1991 schreibt und inszeniert er den ›Holzwurm der Oper‹, einen Kinderopernführer, von dem bislang 14 CDs erschienen sind. Außerdem ist er seit zehn Jahren einer von zwei Autoren für die Kinderkonzerte der Hamburgischen Staatsoper, bei denen er – mit Zeichenstift und Geige – auch auf der Bühne steht. Jetzt legt Siegert ein Buch vor, und es gilt einem der bedeutendsten Komponisten überhaupt: Wolfgang Amadé Mozart.

Schon der Mitwelt war Mozart nie ganz geheuer. Die Nachwelt aber glorifizierte ihn bis zur Unkenntlichkeit. Grotesk erscheinen heute Fehlurteile musikalischer Autoritäten wie Robert Schumann und Richard Wagner oder die interpretatorischer Großmogule wie Wilhelm Furtwängler und Herbert von Karajan. Erst Milos Formans Mozart-Film ›Amadeus‹ signalisierte Anfang der achtziger Jahre das Ende des spießbürgerlich-spätromantischen Mozart-Kults – allerdings stellte er die Sache nur auf den Kopf, denn der Wiener Klassiker war weder ein sexualfrommer Musikautomat noch ein lasziv-fröhlicher Hollywoodclown.

Stefan Siegert zeichnet und erzählt ein neues Bild des Jahrtausendgenies: Um groß zu sein, mußte es nicht erst zu den Göttern aufsteigen, die, so Mozart, ohnehin »nur Marmor scheißen«. Zu Lebzeiten kennt selbst ein Unsterblicher Dinge wie Weinen oder Lachen, Sinnenrausch oder kalte Füße. Mozarts Leben erschöpfte sich nicht in der Musik, er war auch ein leidenschaftlicher Leser und politisch mutiger Zeitgenosse und trieb noch so einiges andere, wenn er nicht komponierte. Mit seinem frischen Blick erweckt Siegert die Klassikerbüste wieder zum Leben. Er macht damit auch Mozarts Musik faßbarer. Sein Buch ist für Anfänger und Fortgeschrittene ebenso dienlich und vergnüglich wie für Kenner, ähnlich Mozarts Musik, von der ihr Schöpfer einmal sagte, sie sei geeignet »für alle Gattung Leute – ausgenommen für lange Ohren nicht«.

»Allerliebste, Allerbeste, Allerschönste!«

Aus dem Buch

Über Mozarts Tagesablauf sind wir recht genau informiert, denn er hat Vater und Schwester brieflich wiederholt davon erzählt, nicht aus Pedanterie, sondern weil er dem väterlichen Verdacht vorbeugen wollte, er würde ein Lotterleben führen. Natürlich waren solche Befürchtungen nicht gänzlich unbegründet, Mozart liebte das angenehme Leben. Aber 626 Werke – die verschollenen nicht mitgezählt – schreibt man nicht, wenn man sein Leben überwiegend Wein, Weib und Gesang widmet. Mozart verfügte über die Fähigkeit, Kompositionen im Kopf festzuhalten und sie erst später – bei Bedarf – zu Papier zu bringen. Das klingt spielerisch, aber dennoch: Wollte er den Springbrunnen seiner musikalischen Phantasie in Bahnen lenken, aus denen Werke entstehen konnten, so mußte er das mit großer Disziplin organisieren.

Wenn Mozart Frühkonzerte im Augarten oder Matineen gab, begann sein Tag morgens um halb sechs. An Tagen, an denen keine Konzerte stattfanden, ließ er es etwas ruhiger angehen: »um 6 uhr früh bin ich schon allzeit frisirt. – um 7 uhr ganz angekleidet, – dann schreib ich bis 9 uhr. von 9 uhr bis 1 uhr habe ich meine lectionen. – dann Esse ich,

wenn ich nicht zu gaste bin, wo man dann um 2 uhr und auch 3 uhr speist, wie heute und Morgen bey der gräfin Zizi und gräfin Thun.« (13. Februar 1782) Mozart aß gern und erkennbar zuviel. Auf den vorhandenen Bildern sieht man jedenfalls einen zunehmend molligen Menschen. Nach dem Essen wird geruht, »denn dann – nach tisch – muß ich doch eine kleine Stunde meinem armen Magen zur digestion vergönnen«. (28. Dezember 1782) Nachmittags um fünf beginnt er wieder mit der Arbeit. Mozart tritt als Virtuose in »Academien« auf, und oft geht der eben noch Gefeierte rasch nach Haus und »schreibt« sich dort bis ungefähr ein Uhr nachts »fest«. Steht kein Auftritt im Kalender, »componirt« er sich hungrig, was gegen zehn Uhr einzutreten pflegt. Er ißt etwas und geht ins Bett. Aber natürlich kann der Mensch nicht jeden Abend arbeiten. »Sie wissen ohne zweifel«, schreibt er an seinen Vater, »das izt fasching ist, und daß hier so gut wie in Salzburg und München getanzt wird; – und da möchte ich gerne (aber daß es kein Mensch weis) als Harlequin gehen – weil hier so vielle – aber lauter Eseln auf der Redoute sind; – folglich möchte ich sie bitten mir Ihr Harlequinkleid zukommen zu lassen. – aber es müste halt recht bald seyn – wir gehen eher nicht auf die Redoute, obwohl sie schon in grösten schwunge ist. – uns sind die Hausbälle lieber. – vergangene Woche habe ich in meiner Wohnung einen Ball gegeben. [...] – wir haben abends um 6 uhr angefangen und um 7 uhr aufgehört; – was nur eine Stunde? – Nein nein – Morgens um 7 uhr.« (22. Januar 1783)

Der Wiener Freundeskreis bestand aus Berufskollegen und Theaterleuten wie der Primadonna Aloysia Weber und ihrem Gatten. Die »Langin«, gestand er dem Vater, bedeutete ihm immer noch mehr, als ihm bisweilen guttat. Befreundet war er auch mit dem Ehepaar Josepha und František Dušek (1753–1824; 1731–1799), Musiker aus Prag, und mit dem Klarinettisten Franz Anton Stadler (1753–1812), dem er das Klarinettenkonzert K. 622 und das Klarinettenkonzert K. 581 ins Instrument komponierte. Ein bemerkenswerter Bekannter war der Schüler, Assistent und spätere Hausfreund Franz Xaver Süßmayr (1766–1803), der als Vollender eines berühmten Mozart-Fragments noch von sich reden machen wird. Mit Gottfried Jacquin (1766–1839), Naturwissenschaftler und Musikkenner, musizierte Mozart und pflegte regen geistigen Austausch. Einen lieben Freund verlor er in dem 1787 früh verstorbenen Arzt Sigmund Barisani (1758–1787), der ihm auch ärztlichen Rat schenkte: Er riet zu Ausgleichssport. Mozart, so Barisani, solle im Stehen komponieren, Billard spielen, kegeln und womöglich reiten. Für letzteres war der Musiker, nach anfänglichen Versuchen, freilich zu ängstlich. Doch dem Billard, Kegeln und Tanzen frönte er ausgiebig. Ein väterlicher Freund von Jugend an war der Arzt Franz Anton Mesmer (1733–1815), eine Art Heilpraktiker und Modedoktor, der die Kranken unter anderem mit Magneten zu behandeln suchte, was Mozart später spaßig in seine Oper Cosi fan tutte einbaute. Die meiste Zeit, die Mozart nicht arbeitete, verbrachte er allerdings nicht im Freundeskreis, sondern machte es sich mit Konstanze bequem.

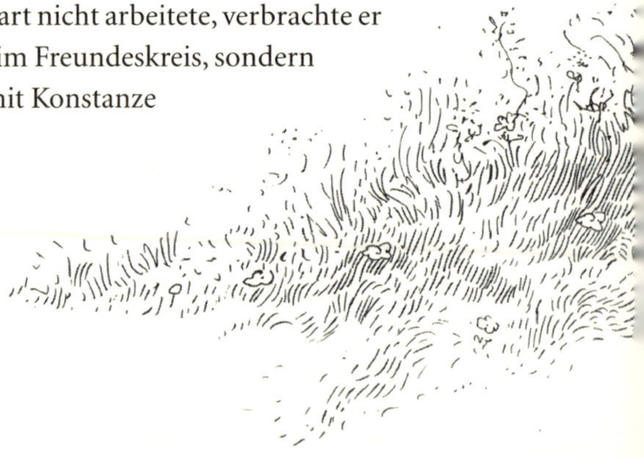

Goethe Gedichte
19.5
87
SIEGERT

Für eine Weile galt Mozart als der beste Pianist Wiens. Die Damen der Gesellschaft rissen sich darum, von ihm im Klavierspiel unterrichtet zu werden. Dazu gehörten so aufregende Namen wie Therese von Trattner, Gräfin Thiennes von Rumbeke (geb. Gräfin von Cobenzl), Gräfin Zichy, Babette von Ployer, Gräfin Palffy, Wilhelmine Gräfin von Thun (geb. Komtesse von Uhlfeld) und schließlich auch Josepha (»Gustl«) Auernhammer, für die er, obwohl sie »bei den cantabile stellen alles verzupfe«, gleich mehrere seiner Werke für zwei Klaviere komponierte (K. 365, 448).
Ein Mittelpunkt der mozartschen Damenwelt – zumindest zu Beginn der Wiener Zeit – war die Baronin Martha Elisabeth von Waldstätten (1744–1811). Mutig und vermögend genug, ihr Leben nach dem Tod ihres Gatten hemmungslos zu genießen, spielte sie die Rolle der lustigen Witwe. Mozart, ganz Theatermensch, spielte mit und schrieb ihr Briefe wie zu Bäsles Zeiten:

»Allerliebste, Allerbeste, Allerschönste
Vergoldete, Versilberte und Verzuckerte
Wertheste und schätzbarste
Gnädige Frau
Baronin!

Ich kann wohl sagen, daß ich ein recht glücklicher und unglücklicher Mensch bin! – unglücklich seit der Zeit da ich Euer Gnaden so schön frisirt auf dem Ball sah! – denn meine ganze Ruhe ist nun verloren! – nichts als Seufzen und Aechzen! – die übrige Zeit, die ich noch auf dem Ball zubrachte, konnte ich nichts mehr tanzen – sondern sprang – das soupee war schon bestellt – ich aß nicht – sondern ich fraß – die Nacht durch anstatt ruhig und sanft zu schlummern – schlief ich wie ein Ratz, und schnarchte wie ein Bär! – und /: ohne mir viel darauf einzubilden :/ wollte ich Fast darauf wetten daß es Euer Gnaden à proportion eben auch so gieng!
– Sie lächeln? – werden roth? – o ja – ich bin glücklich! – Mein Glück ist gemacht! – Doch ach! wer schlägt mich auf die Achseln? – Wer guckt in mein Schreiben? – auweh, auweh, auweh! – mein Weib!« (2. Oktober 1782)

Oder: »Wegen dem schönen rothen frok [Kapellmeisterfrack] welcher mich ganz grausam im herzen kitzelt, bitte ich halt recht sehr mir recht sagen zu lassen *wo man ihn bekommt,* und *wie theuer,* denn daß hab ich ganz vergessen, weil ich nur die schönheit davon in betrachtung gezogen, und nicht den Preis. – denn so einen frok muß ich haben, damit es der Mühe werthe ist die knöpfe darauf zu setzen, mit welchen ich schon lange in meinen gedanken schwanger gehe; – ich habe sie einmal, als ich mir zu einem kleide knöpfe ausnahm, auf dem kohlmarkt in der Brandauischen knöpffabrique vis a vis dem Milano gesehen. – diese sind Perlmutter, auf der Seite etwelche weisse Steine herum, und in der Mitte ein schöner gelber Stein. – Ich möchte alles haben was gut, ächt und schön ist!« (28. September 1782)
Mozart bekam vieles. Zumal den Frack von der Frau Baronin, auf den er sich vermutlich akkurat die beschriebenen Knöpfe nähen ließ. Und auch sonst gab ihm der große Wiener Bekanntenkreis alles, was er als Ausgleich zur Einsamkeit seines Wesens und Arbeitens brauchte. Dabei scheint es überwiegend die fröhlich-oberflächliche Beziehung gewesen zu sein, die er suchte. Enge Freundschaften pflegte er wenige, sie ergaben sich – wie bei-

spielsweise mit Stadler oder Schikaneder – über die gemeinsame Arbeit.

Einer, der ihm nahegekommen ist und der ihn zudem – als einziger zeitgenössischer Musikprominenter – in seiner vollen historischen Größe erkannt und neidlos anerkannt hat, war Joseph Haydn. »Ich sage ihnen vor gott, als ein ehrlicher Mann, ihr Sohn ist der größte Componist, den ich von Person und Namen kenne«, gestand er Leopold Mozart während dessen Wienbesuch. »Er ist das größte musikalische Genie, das je gelebt hat. Wäre er vor mir in London gewesen, hätte es mir nichts mehr gebracht, dorthin zu gehen, denn nichts kann gegen Mozarts Komposition bestehen.« (Zitiert nach einem Brief Leopold Mozarts an Nannerl; 16. Februar 1785)

Im Dezember 1782 vollendet Wolfgang Amadé Mozart das erste jener sechs STREICHQUARTETTE K. 387, 421, 428, 458, 464, 465, die er nach vollbrachter Arbeit drei Jahre darauf – für keine andere seiner Kompositionen hat er sich soviel Zeit genommen – Joseph Haydn mit den aufrichtig gemeinten Worten »per mio caro amico« widmen wird. Ebenfalls 1782 verschaffte ihm der Hofarchivar Baron Gottfried van Swieten (1730–1803) Einblick in Bachs und Händels Partituren. Mozart besaß damit alle Voraussetzungen für die Meisterschaft der Werke, die nach der ENTFÜHRUNG entstanden. Ein kleiner Bewunderer, der von solcher Meisterschaft in den 1780er Jahren noch weit entfernt war, soll ihn deshalb in Wien aufgesucht haben.

HERR MOZART, DA IST EIN WUNDER= KIND FÜR SIE!
ICH HASSE WUNDER= KINDER!

Manfred Clauss

Das Alte Ägypten

Autor und Buch

Manfred Clauss, geboren 1945 in Köln, lehrt an der Johann-Wolfgang-Goethe-Universität zu Frankfurt am Main Alte Geschichte. Er ist mit zahlreichen Büchern über Staaten, Gesellschaften und Religionen in der antiken Welt hervorgetreten, nicht wenige davon, wie etwa ›Das alte Israel. Geschichte, Gesellschaft, Kultur‹ (1999), sind mittlerweile Standardwerke. Zur Ägyptologie führte ihn die Suche nach dem vor rund 1.600 Jahren versunkenen Königsviertel Alexandrias, die seit Mitte der achtziger Jahre vom Europäischen Institut für Meeresarchäologie geleitet wird. Im Zuge seiner Beratertätigkeit für dieses Institut beschloß Clauss, dem Pharaonenreich einen eigenen, umfassenden Band zu widmen.

Spätestens mit Kleopatras Selbstmord im Jahre 30 vor Christus war die Geschichte des selbständigen Ägypten an ihr Ende gelangt. 3.000 Jahre währte das Reich am Nil, 30 Dynastien lassen sich belegen. Es war der Untergang einer Kultur, deren Erbe noch die griechische und römische Zeit und damit Europa stark beeinflussen sollte.

Clauss läßt die Geschichte Ägyptens Revue passieren: Er erzählt vom Alten, Mittleren und Neuen Reich und davon, wie sich Staat und Verwaltung – straff organisiert, vom König über den Wesir bis zum Heer der Schreiber – entwickelten und eine wichtige Rolle im Vorderen Orient spielten; er erzählt von der Religion, von fremdartigen Mythen und Göttervorstellungen, die ihren Ausdruck in monumentalen Tempelbauten fanden, den Pyramiden, die heute noch die Besucher Ägyptens in Bann ziehen; und er erzählt vom Alltag der Menschen, von ihren Arbeits- und Lebensbedingungen, ihren Vergnügungen und Ritualen. Clauss'

Buch ruft nicht nur eine vergangene Kultur wach, es ist auch seit langem die erste umfassende Darstellung einer Epoche, die fasziniert wie sonst kaum eine in der Geschichte der Menschheit.

Echnaton oder der Weltgott und sein Verkünder

Aus dem Buch

Eine Tageszeitung schrieb 1976 unter der Überschrift ›Das Wunder von Amarna‹: »Der junge Mann mit der überlangen Nase, den verhältnismäßig schmalen Augen und den vollen, sinnlichen Lippen trägt den Helm eines ägyptischen Pharaos. Sein Name ist Echnaton. Nofretete, die weltberühmte Königin mit dem rassigen Profil und mit dem fast zerbrechlichen zarten Hals, war seine Frau. Beide lebten vor 3.200 Jahren. Um diese Zeit begann die griechische Kultur. Das Römische Weltreich gab es noch nicht. Und in Deutschlands Wäldern sagten sich noch Füchse und Wölfe gute Nacht. Obwohl das alles so weit zurückliegt, fesselt die Geschichte Nofretetes und Echnatons die modernen Menschen. Denn in Amarna vollzogen die beiden eine Revolution von oben.« – Eine sehr gedrängte Zusammenschau, die ich im folgenden ein wenig entzerren möchte.

Während der ersten Jahre der Regierung Amenophis IV. (1353 bis 1336 v. Chr.), des späteren Echnaton, bestimmte seine Mutter Teje die Richtlinien der Politik. Das geht vor allem aus der diplomatischen Korrespondenz hervor. Neben Teje sorgte der Prinzenerzieher Aja für das reibungslose Funktionieren der Verwaltung. Bedenkt man, wie viele antike Staatsverträge allein durch die vertragschließenden Personen garantiert wurden, so ist es verständlich, daß die asiatischen Verbündeten Ägyptens, besonders der Mitannikönig Tuschratta, die Kontinuität der ägyptischen Politik allein durch die Person der Königinmutter garantiert sah. Geradezu beschwörend klingt das Kondolenzschreiben, das Tuschratta an Amenophis IV. sandte: »Die Worte allesamt, die ich mit deinem Vater geredet habe, die kennt Teje, deine Mutter. Irgendein anderer kennt sie nicht, und bei Teje, deiner Mutter, wirst du sie erfragen können. Sie möge dir verkünden, daß dein Vater mit mir Freundschaft unterhielt. So möge denn auch jetzt mein Bruder mit mir Freundschaft unterhalten. Auf etwas anderes von irgendeinem möge mein Bruder nicht hören.«

Anfangs folgte die Außen- und Innenpolitik gewohnten Bahnen, und der Herrscher ließ sich auch in den üblichen Reliefs beim Opfer vor dem Reichsgott Amun darstellen. Es war zunächst nicht ungewöhnlich, daß er neben Amun die Gottheit Aton hervorhob, die er als Erscheinungsform des alten Sonnengottes Re-Harachte – Re-Horus im Lichtband – anbetete; denn dieser Aton war bereits von Thutmosis IV. und Amenophis III. verehrt worden. Doch schon nach wenigen Jahren mehren sich die Hinweise, daß Amenophis IV. Vorkehrungen trifft, Aton zum zentralen und schließlich einzigen Gott zu erklären. Offenbar haben der König und seine Berater den bald spürbaren Wandel der Religion, der gerne eine Revolution genannt wird, sorgfältig und von langer Hand geplant. Vermutlich in seinem vierten Regierungsjahr (1350 v. Chr.) setzte der König in dem von ihm errichteten Aton-Tempel in Karnak seine Vorstellungen erstmals sichtbar um; in rascher Folge griffen die Neuerungen auch auf die Gebiete der Kunst und der Verwaltung über – allerdings waren die offiziellen Erlasse im fünften Jahr immer noch mit dem alten Namen Amenophis gezeichnet.

Die wesentlichen, durch den König veranlaßten Veränderungen betrafen die Erscheinungsform und die Bezeichnung des von ihm verehrten Sonnengottes. Ansonsten waren die dem Sonnenglauben des späteren Echnaton zugrundeliegenden Gedanken nicht neu, sie lassen sich auf Vorstellungen zurückführen, die es mindestens seit Ende des Alten Reiches gab. Allerdings wurden sie nun mit einer bislang unbekannten Intoleranz und Einseitigkeit verwirklicht. Möglich geworden war dies durch eine

Entwicklung, die sich schon bei den früheren Herrschern der achtzehnten Dynastie beobachten läßt: Die persönlichen Eigenschaften treten in der öffentlichen Präsentation und in den Herrschaftszielen immer stärker hervor. Thutmosis III., der außergewöhnliche Krieger; Amenophis II., der außergewöhnlich starke Mann; Amenophis III., der außergewöhnlich prachtliebende Genußmensch; und jetzt Echnaton – weder kriegerisch noch kräftig, noch genußsüchtig, aber tief religiös und in diesem Punkt ebenso extrem wie seine Vorgänger auf anderen Gebieten. Und noch ein Weiteres kam hinzu: All jene individuellen Neigungen kosteten enorm viel Geld; auch Echnatons gigantischer Bau von Amarna verschlang Unsummen, die dann fehlten, wenn man ähnlich kostspielige Feldzüge durchführen wollte.

Ich habe bereits darauf hingewiesen, daß sich in der ägyptischen Religiosität Stränge finden, die einerseits – gerade nach der Hyksoszeit – das Nationalgefühl untermauerten, andererseits aber mit dem Entstehen eines Weltreiches Vorstellungen begünstigten, es gebe Götter der ganzen Erde, über die der Pharao ja zu großen Teilen herrschte. Der Ägyptologe Eberhard Otto bringt das folgendermaßen auf den Punkt: »Amun war der ägyptische Nationalgott, Aton ein Weltgott.« Diese scheinbar widerstrebenden Tendenzen führte Echnaton mit einer erstaunlichen Konsequenz zusammen.

Was unter ihm geschah, war in Ägypten zwar immer wieder passiert: Neue Götter oder neue Aspekte alter Götter kamen auf und setzten sich durch; auch Echnaton griff eine bekannte Strömung auf, vielleicht sogar eine Strömung, die breiten Anklang bei der Bevölkerung fand. Doch bislang hatten die Pharaonen in diesem Prozeß eine eher ausgleichende Rolle gespielt, um die Herrscher aller Ägypter und aller Götter zu sein. Nun bezog ein König erstmals dezidiert Position.

An die Stelle des falkenköpfigen Re trat das Bild der Strahlensonne. Auch damit orientierte sich der König an einem uralten, literarisch geprägten Bild: Die Strahlen der Sonne umfangen, schützend und lebenspendend zugleich, sämtliche Kreaturen – Menschen, Tiere und Pflanzen. Auf diesen Aton gingen die Eigenschaften eines Herrschers über: Wie die Könige trägt auch er den Uräus, wird auch sein Name künftig von den königlichen Namensringen umrahmt und besitzt Aton das Vorrecht, Jubiläumsfeste zu feiern. Aus all dem geht hervor, daß Echnaton seine Ideen bereits sehr früh mit einer Tendenz zum Monotheismus vortrug.

Zwei Einwände gegen die neue Lehre mußten sich den Ägyptern aufdrängen: Zum einen wurde die sich damals gerade entwikkelnde Möglichkeit eines persönlichen Verhältnisses zu Gott durch die Religion Echnatons wieder eingeschränkt, denn der Weg zu Aton führte ausschließlich über die Person des Königs. Aton war sein Gott, er allein verstand dessen Gebote, vermochte sie zu deuten und zu verwirklichen. Der andere grundsätzliche Einwand betraf die Einseitigkeit der Lehre. Diese ignorierte – bewußt oder unbewußt –, daß neben der Welt des Lichtes, der Schönheit und des irdischen Daseins die der Nacht, der Not und der Gefährdung steht, daß der Tod die notwendige Ergänzung des Lebens ist. In einem Atonhymnus heißt es: »Gehst du unter im westlichen Lichtland, ist die Erde in Finsternis, in der Verfassung des Todes.« Die Frage, was nach dem Tod geschieht, war plötzlich aus dem Blickfeld geraten. Aton hatte nicht nur Amun, sondern auch Osiris entthront.

Vom Zeitpunkt der Neuordnung an erscheint neben Amenophis IV. die Königin Nofretete – »die Schöne ist gekommen« –, welche den Titel »Große königliche Gemahlin« trägt. Der König legte Wert darauf, stets in Begleitung seiner Gemahlin dargestellt zu werden, als ob er damit zeigen wollte, daß er sie an seiner Macht teilhaben lasse. Wie Echnaton wurde sie später von den Untertanen in kleinen Hausaltären verehrt; im König und seiner Familie sah man ein Pendant zum Sonnengott, der selbst auch König war und die Rolle von Vater und Mutter alles Lebendigen übernommen hatte.

Diese Ideen – fast ausschließlich mit dem Namen Echnatons verbunden – sind in einem Kreis von Ratgebern entstanden, den

Nofretete – »die Schöne ist gekommen« – trug den Titel »Große königliche Gemahlin«.

wir allerdings nicht genau kennen. Was wir indes wissen, ist, daß der König viele neue Beamte einstellte, die aus breiten Schichten der Bevölkerung, zum Teil aus dem Ausland und insbesondere aus dem Militär stammten. Ohne eine entsprechende Familientradition verdankten sie ihre einflußreiche Stellung allein dem Herrscher, dem gegenüber sie sich in devoten Formulierungen wechselseitig übertrafen. Ihr »Verdienst« bestand im sorgsamen »Hören« auf Echnaton, und vielleicht war es wirklich eine entsagungsvolle Aufgabe, sich mit den Theorien des neuen Propheten immer und immer wieder zu befassen. Über seinen Kammerherrn Tutu etwa sagt Echnaton: »Du bist mein großer Diener, der meine Lehre hört.« Entsprechend verdienstvolle Beamte überschüttete der König förmlich mit Auszeichnungen.

Mit der Restrukturierung der Beamtenschaft war die sorgfältig geplante Umgestaltung des Staates und der Religion endgültig möglich geworden. Dazu gehörten vor allem die Gründung einer neuen Residenz und die Änderung des königlichen Geburtsnamens. War der König bisher »Sohn der Sonne« und hieß »Amun ist zufriedengestellt«, so fügte er jetzt den Beinamen »einziger des Re« hinzu und gab sich den Titel »Hoher Priester des Re-Harachte (Re-Horus im Lichtband)«. Nun endlich war er Echnaton, »dem Aton wohlgefällig«, oder noch nachdrücklicher übersetzt: »Aton will es«.

In Mittelägypten, ungefähr auf halbem Wege zwischen Memphis und Theben, hatte der König einen Ort für seine neue Hauptstadt ausgesucht, der nach dem Namen eines modernen Beduinenstammes meist El-Amarna genannt wird. Ob man über die Gründe für eine neue Residenz wirklich so spekulieren muß, wie dies in der Literatur geschieht? Auch andere Könige ließen sich Paläste erbauen; Echnaton folgte dieser Tradition, übersteigerte sie aber. Die Planungen in Amarna begannen im sechsten Regierungsjahr (1348 v. Chr.), und bereits Ende des Jahres 1346 v. Chr., nachdem wenigstens die ersten Paläste, Tempel und Wohnquartiere fertiggestellt waren, übersiedelte der Hof.

Die eigentliche Stadt wurde auf dem östlichen Nilufer errichtet, in einer halbkreisförmigen trockenen Ebene, die gegen Osten durch das Randgebirge der arabischen Wüste geschützt und etwa dreizehn Kilometer lang und fünf Kilometer breit war. Die Versorgung mit Lebensmitteln hing von dem am westlichen Ufer gelegenen Ackerbau- und Viehzuchtgebiet ab, wo sich das fruchtbare Niltal zu großer Breite ausdehnte. Der neuen Stadt gab Echnaton den Namen »Horizont (Lichtland) der Sonnenscheibe«.

Offenbar war Amarna zunächst nur für den engeren Hofstaat und als Kultort für den Gott-»König« Aton gedacht, während ein großer Teil der staatlichen Verwaltung in den bisherigen Zentren Memphis und Theben verblieb.

Die Inbesitznahme der neuen Residenz war für Echnaton das Signal, den bisher beschrittenen Weg fortzusetzen und noch radikaler mit der Vergangenheit zu brechen. Wenn es allein den von ihm leidenschaftlich gepriesenen Gott Aton gab und keine anderen Götter mehr verehrt werden sollten, dann hatten auch deren Kulte zu verschwinden. Es müssen ganze Trupps von Handwerkern im gesamten Reich unterwegs gewesen sein, um die Namen der Gottheiten auszumeißeln und damit ihre Existenz auszulöschen. Mit beeindruckender Konsequenz erklommen sie selbst die Spitzen der Obelisken, arbeiteten sich unter die Vergoldung der Säulen vor und wurden schließlich sogar in Keilschriftbriefen der Archive fündig.

Die größte Sorgfalt verwendeten die königlichen Arbeiter auf die Tilgung des Amun-Namens, und vereinzelt zerstörten sie sogar das Zeichen für »Götter«. Diese Gründlichkeit läßt darauf schließen, daß Amun bislang diejenige Rolle im ägyptischen Götterpantheon gespielt hatte, die nun Aton übernehmen sollte. Aton löste Amun als höchster Gott ab, als derjenige, der letztlich auch hinter den Erscheinungen der anderen Gottheiten stand. Auffällig ist, daß die Namen der übrigen, besonders der tiergestaltigen Gottheiten, nicht systematisch getilgt wurden; sie bildeten nicht das eigentliche Ziel der Aktion. Unklar bleibt für uns das Schicksal der bisherigen Tempel, ihrer Priesterschaft und ihres Vermögens. Möglicherweise erhielten sie neue kultische Aufgaben neben den Heiligtümern Atons, mit deren Bau man freilich erst begann; die Neugestaltung des staatlichen Kultes war ungefähr im Jahre 1343 v. Chr. abgeschlossen. In Zukunft sollten Re und Aton die einzig gültigen Gottesnamen sein.

Unsere Hauptquelle für die Ideen des Königs ist der berühmte große Sonnengesang. Im Unterschied zu den traditionellen Götterhymnen, deren mythologischer Inhalt sich in ermüdender

Amarna wurde am östlichen Ufer des Nils errichtet, der im Wüstengebiet Ägyptens eine breite Flußoase bildet.

Gleichförmigkeit darbietet, bezaubern uns die Aton-Hymnen durch ihre Poesie. Sie sind vom Schauspiel des Lebens inspiriert und setzen die Werke der Natur in Beziehung zum fortdauernden Walten des Tagesgestirns, Quelle des Lebens und der Freude, zugleich aber auch Prinzip der Ordnung und des Gleichgewichts im Universum. Die früher üblichen Anspielungen auf die Mythen, in denen die Ägypter seit unvordenklicher Zeit die Welt gedeutet hatten, finden sich kaum noch, was uns den Gesang so eingängig macht: »Du erscheinst schön im Lichtland des Himmels, du lebende Sonne, die Leben zuweist! Du bist aufgegangen im östlichen Lichtland, du hast jedes Land erfüllt mit deiner Schönheit. Du bist schön, gewaltig und funkelnd, du bist hoch über jedem Land … Die Vögel fliegen auf aus ihren Nestern, ihre Flügel in Lobgebärden für deinen Ka. Alles Wild tanzt auf seinen Füßen, alles, was auffliegt und sich niederläßt, sie leben, wenn du für sie aufgehst.«

Echnaton wurde von seinen Untertanen verehrt; im König und seiner Familie sah man ein Pendant zum Sonnengott.

Es stand im Einklang mit den jahrhundertealten religiösen Bräuchen Ägyptens, daß Echnaton als Hohepriester aller Götter sich nun ausschließlich für den Gott zuständig fühlte, den er nach langer Vorbereitung zum wichtigsten erklärt hatte. Auch seine Rolle als Sohn dieses Gottes und als alleiniger Mittler zwischen ihm und den Menschen entsprach der Tradition. Neu jedoch war, daß Echnaton gleichsam als Verkünder der neuen Gottheit auftrat; immer wieder berichten die Beamten von der persönlichen Unterweisung durch den König, der als einziger das Wesen des Gottes kannte. Und neu war vor allem, daß die Menschen nun vor Hausaltären beteten, welche die Königsfamilie unter der Strahlensonne zeigten. So charakterisiert der Ägyptologe Erik Hornung die Amarna-Religion mit der knappen Formel: »Es ist kein Gott außer Aton, und Echnaton ist sein Prophet.«

Außergewöhnlich und überaus beeindruckend sind jene Darstellungen, in denen die Künstler der Zeit versuchen, die irdische Wirkung Atons ins Bild zu setzen; anrührend besonders die Szenen intimer Zärtlichkeit zwischen den Mitgliedern der Königsfamilie – wie sie allerdings auf die Zeitgenossen gewirkt haben, wissen wir nicht. Offensichtlich sollen sie die Vorstellung vermitteln, daß alles Leben, also auch die Liebe zwischen den Menschen, Atons Werk ist. Die Darstellungen sind voller Licht und Leben, und genau dafür stand Aton. Weder in den bildlichen noch in den literarischen Zeugnissen stoßen wir auf jene Schattenseiten der Wirklichkeit, die es zu allen Zeiten gab; sie kamen in Echnatons religiösem Weltbild wie gesagt nicht vor. Derart friedvolle und heitere Aspekte des Daseins erwecken den Eindruck einer Idylle und faszinieren uns; doch eine solche Idylle dürfte auch die Amarna-Zeit nie gewesen sein.

Pressestimmen

»Eine informative, anspruchsvolle und zugleich gut lesbare Biographie, die den Leser auf hohem Niveau zu fesseln vermag.« ›Antike Welt‹ über ›Kleopatra‹ (1995)

»Was jeden Leser erfreuen muß, sind die klare Gliederung und die durchdachte und lebendige Darstellung. Die Lektüre ist Genuß und Bereicherung; man möchte den Text geradezu verschlingen. Bitte mehr solcher Bücher!«
›Forum Classicum‹ über ›Das alte Israel‹ (1999)

Oliver Maria Schmitt

Die schärfsten Kritiker der Elche

Die Neue Frankfurter Schule in Wort und Strich und Bild

Über F. W. Bernstein, Bernd Eilert, Robert Gernhardt, Eckhard Henscheid, Peter Knorr, Chlodwig Poth, Hans Traxler, F. K. Waechter

Autor und Buch

Oliver Maria Schmitt, geboren 1966 in Heilbronn, war lange Jahre Chefredakteur des endgültigen Satiremagazins ›Titanic‹ und kennt nicht zuletzt deshalb die Mitglieder der Neuen Frankfurter Schule persönlich. Kaum einer würde sich besser eignen, anläßlich des vierzigsten Jahrestages ihres Bestehens die erste Biographie dieser Künstlergruppe vorzulegen. Mit den Theater-Musicals ›FlachDachKrach! Eine Bauhaus-Revue‹ und ›I want to hold your Hendl‹, einem Stück über den Wienerwald-Erfinder Friedrich Jahn, hat Schmitt gezeigt, daß er nicht immer nur auf die Kleinen losgeht. Und mit ›Gute Güte, Göthe!‹, dem Begleitbuch zum Goethe-Jahr, und ›Euch werd ich's zeigen‹, seinem im vergangenen Jahr erschienenen Lebensbilderbuch über Chlodwig Poth, hat Schmitt bewiesen, daß er selbst vor den Größten nicht zurückschreckt. Dazu verehrt er sie zu sehr.

Doch was ist die Neue Frankfurter Schule? Sie ist Deutschlands erfolgreichste Boygroup, aber noch nie gemeinsam aufgetreten. Zusammen sind ihre Mitglieder mindestens 506 Jahre alt, und jedes Jahr werden es acht Jahre mehr. Sie haben über 200 Bücher veröffentlicht, mehr als 60.000 Seiten mit Millionen Pointen, Scherzen und Witzen. Sie schrieben Kultromane, Gedichte und Theaterstücke, Polemiken, Satiren und Nonsens, gründeten Zeitschriften, machten Kinofilme und Fernsehsendungen. Sie malen Bilder und zeichnen Cartoons. Sie fahren in Urlaub und kom-

men immer wieder zurück. An den Main, wo die »NFS«, die so überaus produktive Humorinstitution, ihren Sitz hat.
Eine deutsche Humorgeschichte von ›Pardon‹ bis ›Titanic‹, von Arnold Hau bis Otto Waalkes, von A wie Anfang bis E wie Ende ist Schmitts Buch nicht. Oder genauer: nicht nur. Sondern darüber hinaus die bisher einzige bild- und textreiche Würdigung von Werden, Wirken und Witzeln der Herren F. W. Bernstein, Bernd Eilert, Robert Gernhardt, Eckhard Henscheid, Peter Knorr, Chlodwig Poth, Hans Traxler und F. K. Waechter. Fehlt einer? Nein – hier sind sie vollzählig versammelt: die schärfsten Kritiker der Elche.

Die Mafia vom Main

Aus dem Buch

Diese komische Gruppe – sie ist uns ein Rätsel. Obwohl sie nie gegründet wurde, gibt es die Neue Frankfurter Schule seit ziemlich genau vierzig Jahren, seit im Oktober 1961 die Nullnummer der Zeitschrift ›Pardon‹ erschien. Die Dioskuren Traxler und Poth hoben die »deutsche satirische Monatsschrift« zusammen mit den Herren Nikel und Halbritter aus der Taufe, kurze Zeit später schon gesellte sich das Dreigestirn Bernstein/Gernhardt/Waechter dazu. Damit war der Großteil der Crew auch schon beieinander. Schön für die.
Aber was ist diese komische Allianz eigentlich? Eine pointenschlagende Verbindung? Ein Schutz- und Trutzbund gegen Ernstler, Windmacher und Sinnstifter? Eine Zunft zur Ausübung und Regelung des Witzaustauschs? Ein grotesk überschätzter Popanz, eine Medienhalluzination? Und was bedeutet heute Elchkritik? Hat es das arme Tier nicht schon schwer genug?
Noch nie hat man fest umrissen, was die »NFS« genau ist. Bis heute fehlt ihr jede verbindliche Rechtsgrundlage. Ein eingetragener Verein ist sie nicht. Zu welchem Ziel und Ende sie existiert,

ist so unklar wie ihre Hierarchie: Sie hat keine Struktur, keinen Chef und keinen Kassenwart. Auch eine richtige Schule ist sie nie gewesen, sie hat keine Klassenzimmer und bildet nicht aus. Dennoch vermittelt sie etwas: daß der Mensch von Zeit zu Zeit mal gerne lacht; daß er dies nicht immer tut, aber immer gerne, sei's laut für andere oder leis' für sich allein; daß Komik und Kritik keine Widersprüche sind; und daß, wer zuletzt lacht, auch am längsten lacht.

Schon eher ahnen wir, was die Neue Frankfurter Schule nicht ist: eine blödelnde Bagage ruchlos in den Tag hineinhampelnder, humpenschwingender Herrschaften. »Die Leute waren erstaunt«, staunte F. K. Waechter schon vor Jahren, »daß wir ihren Vorstellungen nicht entsprachen. Die wollten viel lieber Juxbeutel in uns sehen.« Eine Vorstellung freilich, die sich einem naiv-begeisterten Rezipienten, einem 1:1-Leser namentlich der frühen Werke geradezu aufdrängen mußte. Hatte er nicht in Henscheids Roman ›Die Vollidioten‹ eine ewig feiernde und faulenzende Bohemien-Clique vorgeführt bekommen, deren hauptsächliches Tagewerk darin bestand, einen Zechplan für die Nacht zu erstellen? War er nicht in der ›Welt im Spiegel‹ allenthalben auf Trinklieder, Drudel und Drogenexperimente gestoßen? Na eben!

Man kann die Sache aber auch, wie Robert Gernhardt es immer gerne tut, ganz nüchtern sehen: »Die Neue Frankfurter Schule«, erklärt er, »ist vor allem ein Bluff.« Punkt. Und daß sich dieser Bluff so schnell und so schlagend durchgesetzt hat, belege besonders eines: die »beklagenswerte Definitionsgeilheit der Presseorgane«. Noch 'n Punkt. Darüber hinaus gibt es auch viele andere schöne Deutungsmöglichkeiten. Etwa die ganz lockere eines F. K. Waechter: »Ich nehme das so und so nicht so ernst« – alles andere hätte uns auch gewundert. Oder die abgebrüht pragmatische eines Chlodwig Poth: »Wenn man diesen Begriff nicht gefunden hätte, dann gäbe es diese Gruppe gar nicht«, schnarrt er und ordnet seinen Bart, »dann wären das eben die ›Pardon‹-Leute gewesen oder die ›Titanic‹-Leute.«

Gewiß, so kann man es auch sehen. Ohne die Plattform ›Pardon‹

wären Gernhardt und Bernstein nach dem Lehramtsstudium gleich in die Schule gegangen, Waechter vielleicht in die Werbung, Traxler in die Kunst, Knorr ins Wasser … müßig, darüber nachzudenken. Auf jeden Fall hätte es ohne die Satiregazette ›Pardon‹, die ganzen Generationen das schöne Gefühl vermittelte, nicht allein auf der Welt zu sein – ohne das Blatt mit dem Teufelchen hätte es kaum dieses Buch und, viel schlimmer, ganz sicher keine Neue Frankfurter Schule gegeben. Grauenhafteres mag vorstellbar sein, aber auf Anhieb will einem nix einfallen.

Bevor wir uns jedoch beim Eruieren einen abbrechen – Eckhard Henscheid hat 1985 in seinem bis heute nicht restlos ausgedeuteten Aufsatz über ›Frankfurts magisches Dreieck‹ die dem außenstehenden Laien kaum sichtbaren Verbindungslinien zwischen den Philosophen der Kritischen Theorie, den Kickern der Frankfurter Eintracht und den Komik-Kadern der NFS gezogen: »Denn zwar handelte es sich bei der alten Frankfurter Schule um ostentativ seriöse und meist professorale Herrschaften schwergewichtigen Gehalts; indessen die NFS eher mit dem Leichten, Spielerischen, Komischen und nicht partout Wissenschaftlichen zu tun hat; kurzum, es geht um eine ganz überwiegend heute in Frankfurt lebende und operierende Zeichner- und Autorengruppe, die sich wesentlich schon ab 1962 im Zeichen des alten ›Pardon‹-Satireblatts zusammenfand, die seit 1979 das Nachfolgejournal ›Titanic‹ gemeinsam betreut und auch sonst nicht eben faul ist im Produzieren von Cartoonbüchern, Satireanthologien, Romanen, Drehbüchern und Filmen in fast perhorreszierender Fruchtbarkeit. Konkret: Es handelt sich um die Zeichner und Autoren Chlodwig Poth, Hans Traxler, Robert Gernhardt, F. W. Bernstein, F. K. Waechter, Peter Knorr und Bernd Eilert; es handelt sich ferner um ihre Eleven und Nachwuchsleute; und schließlich, der Verfasser dieser Zeilen gehört wohl auch dazu.«

Für den nicht vorhandenen Korpsgeist dieser halbimaginären Gemeinschaft spricht, daß sie erst im reifen Alter von zwanzig Jahren zu ihrem Namen kam. Bis dahin war, wenn sie auf Ausstellungen und Lesungen zusammen auftrat, wie gesagt, meist die Rede von der ›Pardon‹-Mannschaft, später etwa von den ›Titanic‹-Leuten – bis, ja bis eines Tages … – Es war im Juni 1981, und es war in München, in den Arkaden des Münchner Hofgartens. Dort bereiteten die Kunsthändler Andreas Bartsch und Joelle Chariau, die in ihrer neuen Galerie Bartsch & Chariau hauptsächlich Werke aus den Bereichen Cartoon und Satire präsentieren wollten, eine Ausstellung mit Arbeiten von Gernhardt, Traxler und Waechter vor. Wie aber das Kind nennen? Die große Gernhardt/Traxler/Waechter-Gemeinschaftsausstellung? Oder kürzer: Gernhardt, Traxler & Waechter? Oder länger: Werke einiger ›Pardon‹- beziehungsweise ›Titanic‹-Leute?

Im Hause Bartsch saß man mit den Künstlern zusammen und dachte nach. Die Galeristen wollten keine Ausstellung, die nach Anwaltskanzlei oder Gemeinschaftspraxis klang. Der Sage nach soll eine betagte Tante dabeigesessen haben, die die Hochzeiten der Frankfurter Schule noch als Studentin miterlebt hatte. Sie sprach die erlösenden Worte. Fritz Waechter malte ein sepiasattes Plakat, auf dem ein brennendes Schulhäuschen mit roter Flammenkrone zu sehen ist. Im Rauchgewölk, von diesem fast verschluckt, schimmert der just gefundene Begriff: Die Neue Frankfurter Schule.

Nur selten war dieses inflammierte Grisaille bis heute zu sehen, und es ist erstaunlich genug, daß es abermals zwanzig Jahre dauern sollte, bis die Neue Frankfurter Schule auch ein brauchbares Firmenlogo erhielt. Es stammt wieder von F. K. Waechter und prangt auf dem Schutzumschlag meines Buches. Aber auch hier will ich es Ihnen nicht vorenthalten:

Eine weitere Sage weiß übrigens zu berichten, daß der schulische Begriff nicht in München, sondern schon vorher im Frankfurter Lokal »Pizza-Peter« und im Beisein von Peter Knorr und Lionel van der Meulen gefunden und formuliert und erst später in München übernommen wurde. Da steht Tantenwort gegen Knorraussage, und das sollen die mal schön unter sich ausmachen.

NFS – heute ein eingeführtes Label, ein Markenzeichen und ein Begriff, der, wie erwartet, von Fans kapiert und Journalisten tradiert wurde. Nicht nur Leser, nein, auch Freunde von Verschwörungstheorien haben ihre Freude an der Pointenproduktionsgenossenschaft vom Main. »Die Frankfurter Humormafia«, grummelt es allgemach aus Berlin, und gern fallen Hamburger Claqueure mit Finstermiene mit ein. Gleiches gilt für Mainz, München, Melbourne. Dieser Herrenclub, heißt es dann, der habe doch den Markt unter sich aufgeteilt, sei ein abgefeimtes Zitierkartell, das ein witzeförderndes Partizipationsgeschäft betreibe.

Die Wirklichkeit sieht aber ganz anders aus, nämlich noch viel schlimmer. Ohne Zweifel könnte man die ehrenwerte NFS-Gesellschaft zunächst und zuallererst als gigantische Seilschaft begreifen – und täte damit niemand Unrecht. Denn es zeigt sich diese Komik-Konföderation durchaus versiert im gegen- und wechselseitigen Zitieren, Weiterempfehlen und Besprechen. Schon die Herstellung, wir hören's noch, geschieht vielfach im Team, und auch sonst arbeitet man Hand in Hand, lektoriert einander die Texte, Autor und Zeichner fuhrwerken zusammen, ein dritter reicht die Sache für den Druck weiter, der vierte bespricht sie an geeigneter Stelle, ein fünfter kauft sich möglicherweise sogar noch das Buch, um den Absatz zu stärken, ein sechster … – aber nein, so weit kommt's nicht. Kommen wir lieber zu Henscheid, der weiß, wie's geht: »Es geht nicht ohne Seilschaften.« Aha. Seilschaften sind natürlich auch überall woanders vorhanden, funktionieren und operieren dort genauso. Jede Redaktion, jede Arbeits- und Trinkgemeinschaft, jede Gruppierung bildet einen Verbund oder einen Empfehlungszirkel, und das muß sie auch, denn jemand anderes wird dieses Geschäft schwerlich für sie übernehmen.

Weiter fällt auf: Im NFS-Kollegium finden sich kaum Frauen, genaugenommen sogar gar keine. Ein Versehen? Volle Absicht? Ein Komplott gegen die Weiberwelt? Sind Frauen nicht komisch? Auf diese heiklen Fangfragen gibt es viele verschiedene und durchweg zweifelhafte Antworten. Ersparen wir sie uns lieber. Daß Frauen nie das schwache Geschlecht waren, ahnte Mann schon immer. Bernd Eilert weiß es sogar besser: »Jeder von uns stand lange unter dem Einfluß starker Frauen – aber wir konnten alle gerade noch rechtzeitig aus diesem Schatten heraustreten und uns selbständig machen.« Diesem Manne kann wohl nicht mehr geholfen werden. Ob Herr Waechter uns weiterhelfen kann? »Ein Mann, der komisch ist«, schlußfolgert er nicht unelegant, »ist Komiker, also eine Person, die Witze macht. Eine Frau, die komisch ist, ist aber immer und zuerst eine komische Frau.« Ist das nicht komisch?

Viel einfacher und zugleich viel einleuchtender ist doch die simple Feststellung, daß Frauen generell keinen Humor haben. Ja, so ist es wohl. Sie bringen's nicht. Sie schaffen's nicht. Sie können und können es einfach nicht. Ebenso, wie sie auch keine Quadrate zeichnen können:

Natürlich gibt es einige wenige Ausnahmen – strenggenommen sind es sogar viele, ja sehr viele: die tausendmal tolle Hilke Raddatz, die hochkomische Simone Borowiak, die hinterhältige Fanny Müller, die wilde Franziska Becker, die Humor-Heroine Marie Marcks, die subtile Susanne Fischer, Frau Bauer, Frau Kuschel, Mme. Bretécher und Mlle. Hogli, Frau Hinz und Frau Kunz und zig andere Zeichnerinnen, Autorinnen und Texterinnen – sie sind mehr als nur eine Minderheit und widerlegen vorgenannte Schmutzbehauptungen aufs nachhaltigste.
Vielleicht wurde das Fehlen der Frauen, die der tradierten Mär nach gerne ihre soziale Kompetenz in hierarchische und egozentrische Männerzirkel einbringen, vielleicht wurde es ja deshalb nie bemerkt, weil die Männer hier schon selbst fürs gesellig-konstruktive Miteinander sorgen. Ein besonderes, ja unveränderliches Kennzeichen dieser kreglen Gruppe ist nämlich ihre stete

Fähigkeit zur Teamarbeit, zur Bildung immer wieder neuer und anders zusammengesetzter Arbeitskreise, Runden und Workshops. »Jeder hat mit jedem mal«, berichtet Bernstein, der mit Henscheid das dickste Goethe-Kompendium der Welt herausgab, mit Gernhardt und Waechter kleine Zeichnungen und Reime für den »Arnold Hau« schuf, der es folglich wissen muß und sich auch heute noch wundert: »Das ist, glaube ich, nicht ganz normal, diese dauernde Zusammenarbeit.«

Normal vielleicht nicht, aber es hilft doch ungemein. Überall, wo Ideen benötigt werden, zumal mehrere, niemals nur eine, wo unablässig Originelles entstehen muß, Überraschendes, noch nie Gedachtes und Belachtes, da ist die Arbeit im Team das einzig Senkrechte. »Brainstorming« heißt das auf schlecht deutsch, wenn ein Wort das andere gibt, wenn Zeichnungen zum Weiterzeichnen herumgereicht werden, wenn man Einfälle anderer nicht abwürgt und sich auch selbst nicht abwürgen läßt, denn jeder Unsinn muß gesagt werden dürfen, alles muß weg, alles muß raus: Nur dann kann eine Gruppe mehr sein als die Summe ihrer Teile. Dies aber zuverlässig. Freilich setzt das voraus, daß man fremde Ideen genauso gut finden kann wie eigene, daß man im Sitznachbarn nicht den Konkurrenten, sondern den Kollegen sieht, der einem behilflich ist. Die erste Kontrollinstanz nämlich ist das Team selbst – wenn alle lachen, kann es schon mal nicht ganz schlecht sein; was aber keiner lustig findet, kann man meist vergessen.

Zu dieser bemerkenswerten Teamfähigkeit kommt die frappante Tatsache, daß fast alle Teile dieser Komik-Combo Mehrfachbegabungen sind. Poth und Traxler – beide zeichnen und schreiben ihre Bücher selbst, Henscheid schreibt und malt fast besser als der Maler, Autor und Regisseur Bernd Eilert, Gernhardt macht »eh alles«, wie sein nicht minder multifunktioneller Kollege Bernstein weiß, Waechter zeichnet, reimt und schreibt Theaterstücke, spielt Boule und Fußball, führt aber auch Regie, was der Teilzeit-Regisseur und Vollzeit-Boulespieler Peter Knorr, der gnadenloseste und unbarmherzigste Teamzusammensteller der Frankfurter Witzeintracht, neben seinen Buch- und Funkarbeiten gleichfalls gerne macht. Wenn sie nun auch noch gemeinsam komponieren, auftreten und singen würden – keine Sau hielte das mehr aus!

So schön das für den einzelnen sein mag, das Doppelmoppeltalent kann sich aber auch als eine rechte Belastung erweisen. Publikum und Kritik, traditionell simpel gestrickt, was man ihnen jedoch nicht stecken darf, kommen mit Mehrfachbegabten schwer zurecht. Es soll einer immer nur eine Sache können. Wer mehr macht, macht sich verdächtig. Wenn einer eines kann, warum läßt er dann nicht das andere? Warum ist er nicht zufrieden und bleibt bei seinen Leisten? Entweder ist man der Maler Gernhardt oder der Dichter, entweder der Zeichner Waechter oder der Theatermacher, entweder der Satiriker Henscheid oder der Romancier – beides geht nicht, jedenfalls kaum in die Köpfe der Damen und Herren Rezensenten. Was bei seriös dialektischer Betrachtung aber auch wieder ein Vorteil sein kann, wie Gernhardt anmerkt. Wenn man etwa für ein Bild oder einen Cartoon kritisiert wird, kann man leichten Mutes sagen: Was kümmert's mich, ich bin eh Dichter. Und umgekehrt gilt das natürlich ebenso.

Der Gruppenbegriff Neue Frankfurter Schule deckt ein wenig zu, daß er nicht nur drei Generationen umfaßt, sondern bei aller hier vielleicht allzu idyllisierten gruppengemütlichen Gemeinschaftsfamiliarität doch auch recht verschiedene Personen, Stile und Blickweisen – »schon aus biologischen Gründen«, wie Henscheid im Appendix seines Essays über die NFS affichiert: »Die acht tragenden Urgesteinsstämme – wenn die Dreifachmetapher ausnahmsweise erlaubt ist – sind inzwischen 51 bis 71 Jahre alt, da gehört man, in diesem Alter, in aller Regel von Haus auf keiner Schule mehr an, auch Adorno ging ja so ab seinem 50. Geburtstag bekanntlich eigene Wege und nicht länger am Händchen Horkheimers [...] Und so gingen und marschierten auch die Säulen, um es mal mit dieser Metapher zu versuchen, der Neuen Frankfurter Schule spätestens ab 1980 bald vermehrt eigene

Gruppenbild ohne Knorr und Bernstein: Traxler, Eilert, Poth, Gernhardt, Waechter und Henscheid vor der Frankfurter Alten Oper (von links); um 1990.

und individuelle und autonome und autarke Straßen und schlugen diesbetrefflich auch ganz eigenständige Lebensläufe ein.« Die einen, wie Henscheid, mehr, die anderen, wie etwa die für Otto Waalkes textende GEK-Gruppe (Gernhardt, Eilert, Knorr), weniger. Und zumindest bei allfälligen Privatfeierlichkeiten suchen sie die gleichen Straßen auf, dann sieht man sie wieder beieinandersitzen. Ja, es gibt da schon, wie Gernhardt es bezeichnet, einen erstaunlich »krakenhaften Zusammenhang«. Oder meinte er: krankhaft?

Was hat dieser Verbund der Satiriker, Kritiker, Dichter und Humoristen nach vierzig Jahren erreicht? Wurde, nach all dem Geißeln, Brandmarken und Finger-in-die-Wunde-Legen, nach all dem Verspotten, Erniedrigen und Beleidigen, auch nur ansatzweise Unrecht abgeschafft und das Böse gebannt? Wurde mehr verändert, als gleichgeblieben ist? Wurden lebende, sprechende und schreibende Übel aus der Welt geschafft, wurden Rücktritte erzwungen, Leben gerettet und Kriege verhindert? Am Arsch. Doch eines hat diese Hochschule der Hochkomik ganz sicher erreicht: daß es erstmals in Deutschland eine lokale Komik-Kontinuität gibt. Eine Handvoll herausragender Einzelkämpfer hat sich zu einer stetig anwachsenden Gruppe gefügt und damit, auf vierzig Jahre gesehen, schon eine Tradition begründet. Sie hat den Begriff der Komik bereichert und erweitert, hat die Metakomik ins Spiel gebracht – das Sich-lustig-Machen über komische Klischees –, ja überhaupt die Komik technisch und inhaltlich verbessert. Womit man schon 1964 in der ›Welt im Spiegel‹ begonnen hatte, was anfangs noch unter der Bezeichnung »crazy« und erst später unter der Großmarke Nonsens lief, ist heute vielfach in den Gebrauch von Tageszeitungsredaktionen eingeflossen: die Verwendung von Kalauern und Wortspielen, der andere Umgang mit Sprache, die man nicht nur beherrschen will (das muß man eh), sondern sich auch von ihr beherrschen und leiten läßt. Es wurde der Sprache nicht nur, wie Kraus sagt, »das Mieder gelockert«, sondern ihr auch noch, wie Gernhardt fortführt, »an die Titten gegriffen«. In aller Öffentlichkeit! Ist das nicht wunderbar?

Und wie nebenbei und als ob das gar nichts wäre: Haben uns diese acht Herren nicht eine schier erschlagende, ja unheimliche Unzahl von Publikationen geschenkt? Momentan sind wir, wenn wir uns nur auf die Bücher kaprizieren, bei exakt 227 Stück! Zweihundertsiebenundzwanzig! Herrschaften! Und jedes Jahr kommt ein Dutzend Werke dazu! Das sind unüberschaubare Zigtausende Seiten und Millionen von Pointen in mehrmillionenfachen Auflagen! Unsere Protagonisten zeichnen und schreiben und werden gedruckt seit mindestens Pfingsten 1946, da erschien der erste Cartoon des damals sechzehnjährigen Chlodwig Poth; sie begleiten die Geschichte der Bundesrepublik von deren Beginn bis heute, versorgten schon Nachkriegsleser mit Trümmerwitzen, später Spontis mit Sprüchen und heute noch Kids mit Komik, Kritik und Klamauk. Dazu gründeten sie zwei Satirezeitschriften, machten etliche Filme und Theaterstücke, unzählige Fernseh- und Radiosendungen, dichteten Volksgut, ärgerten die Schlechten und brachten die Guten zum Lachen, holten die Institution der Lesung aus dem Schnarchkulturbetrieb heraus, aus verstaubten Buchläden und muffigen Stadtbüchereien, machten sie, darin unterstützt vor allem durch die unermüdliche Tourarbeit der Sukzessoren Max Goldt und Wiglaf Droste, zu gutbesuchten Unterhaltungsveranstaltungen.

Dies alles zusammengerechnet: eine in der Welt völlig singuläre Großgruppenleistung. Man kann suchen und forschen, wie man will – und wird keine annähernd vergleichbar produktive Runde finden. Nirgends.
Höchstens in diesem Buch.

Pressestimmen

*In Oliver Maria Schmitt erkennt BBC 2 »einen Mann mit sardonischem Humor«, die ›Frankfurter Rundschau‹ jedoch »den Mann der feinen Zwischentöne«, die ›Rheinpfalz‹ hingegen eindeutig den »Mann fürs Grobe«, die Zeitschrift ›konkret‹ hinwiederum einen »herausragenden Vertreter der Frankfurter Komik-Branche«. Weiter geht nur das ›Schwäbische Tagblatt‹, das Schmitt schon zur »*Neuesten *Frankfurter Schule« rechnet.*

Wolfgang Schivelbusch

Die Kultur der Niederlage

Der amerikanische Süden 1865, Frankreich 1871, Deutschland 1918

Autor und Buch

Wolfgang Schivelbusch, 1941 geboren, besticht durch thematische Vielseitigkeit. Für seine Bücher erhielt der seit 1973 als freier Schriftsteller in New York lebende Berliner viel Lob: Sei es für die ›Geschichte der Eisenbahnreise‹ (1977), für seine Geschichte der Genußmittel ›Das Paradies, der Geschmack und die Vernunft‹ (1980) oder für ›Vor dem Vorhang. Das geistige Berlin 1945–1948‹ (1995).

In seinem neuen Buch stellt Schivelbusch eine Reihe historischer Fragen, für die die Zeit zehn Jahre nach dem großen Zusammenbruch des sowjetischen Imperiums reif zu sein scheint. Destilliert aus der Geschichte der drei Niederlagenklassiker – des amerikanischen Südens nach 1865, Frankreichs nach 1871 und Deutschlands nach 1918 –, lassen sie sich etwa so formulieren: Wie wurden im Zeitalter der Erlöserideologie des Nationalismus und seines Zwillingsbruders, des Sozialdarwinismus, große Zusammenbrüche erlebt? Welche Mythen von Verdrängung oder Tröstung, Verrat oder Heroisierung, Revanche und nationaler Wiedergeburt bildeten sich dabei? Und welcher Zusammenhang besteht zwischen dem äußeren Unterliegen und jenen inneren Revolutionen, die der verlorene Krieg überall zur Folge hatte?

Auf breites geschichtliches Material zurückgreifend, zeichnet Wolfgang Schivelbusch die Aufbrüche und die aus tiefer Demütigung kommenden Energieschübe nach, die Niederlagen bringen. So legten sich die amerikanischen Südstaaten nach dem Bürgerkrieg höchst erfolgreich ein legendenhaftes Image zu, das unter anderem ›Vom Winde verweht‹ und seine Plantagenromantik schuf; so setzte Frankreich nach 1871 zu einer umfassenden, Poli-

tik wie Wissenschaft, Technik wie Bildung einschließenden Modernisierung an; so brach das Deutsche Reich, nachdem der Erste Weltkrieg verloren war, entgegen vielen Vorurteilen auf etlichen Feldern in eine kraftvolle Moderne auf.
Schivelbuschs Buch wird Staub aufwirbeln, auch weil es, obwohl es vergangene Epochen beleuchtet, durch eine Vielzahl aktueller Bezüge verblüfft. Und es verweist auf die eigentümliche, allen Siegern verschlossene Stärke der Besiegten: daß sie früher und besser wissen, was die Stunde geschlagen hat.

Wege der Modernisierung: Amerika

Aus dem Buch

Allen Teilnehmern und Beobachtern des Weltkriegs dämmerte 1918, daß der eigentliche Sieger nicht unter den Nationen war, die ihn 1914 begonnen und sich vier Jahre lang in ihm verausgabt hatten, sondern jene Macht, die erst im vorletzten Kriegsjahr ihr Gewicht in die Waagschale warf, das militärische Patt auflöste und den Krieg entschied. 1914 waren die Vereinigten Staaten Schuldner Europas gewesen. 1918 hatte sich das Verhältnis umgekehrt. Drei Jahre lang, bis zum Kriegseintritt, belieferte die größte neutrale Industriemacht der Welt die Entente mit Material, das, nachdem es mit Goldreserven bezahlt worden war, auf den Schlachtfeldern verpulvert wurde. Die amerikanische Produktionsmaschine, deren schiere Unerschöpflichkeit schon vor 1914 in Europa großen Eindruck und auch Gefühle der Bedrohung hinterlassen hatte, machte in diesen Jahren noch einmal einen enormen Sprung vorwärts.
Gab es über die Fronten der ehemaligen Kriegsgegner hinweg keinen Zweifel hinsichtlich des wahren Gewinners, so ließ die Frage nach dem wahren Verlierer unterschiedliche Antworten zu. Für die Entente war es natürlich Deutschland. In Deutschland dagegen kam es zu einer Art europäischer Version der Dolch-

stoßlegende, demnach hätte man nach Brest-Litowsk aller militärischen Wahrscheinlichkeit gemäß über die erschöpften Gegner triumphieren müssen, doch die Hilfe Amerikas rettete die Entente 1918 vor der deutschen Frühjahrsoffensive. So war die Niederlage eigentlich der durch die Herbeirufung Amerikas vereitelte Sieg. Läßt man einmal außer acht, daß die deutsche Politik den Kriegseintritt der USA selber provozierte, dann erscheint die Psychologie des gestohlenen Sieges und europäischen Dolchstoßes immerhin nachvollziehbar, stellte sich ihr die Niederlage doch als Resultat des »europäischen Verrats« der Entente an die außereuropäische Macht Amerika dar.

Wenn aber der alliierte Sieg nur auf den Rockschößen Amerikas mitgewonnen worden war, dann bedeutete dies für Deutschland, daß man es nicht »europäisch« niedergerungen hatte. Der amerikanische Kriegseintritt machte die europäischen Gegner mit einem Schlag zu Schattenmächten. Frankreich war ohnehin seit 1871 wenig ernst genommen und im Weltkrieg lediglich als tapfer seine verlorene Sache verteidigender David respektiert worden; England, der einzige mit Erbitterung und Haß bekämpfte Gegner, erschien nun angesichts Amerikas ähnlich entmachtet wie seinerzeit Frankreich im Vergleich zu England. Italien zählte nicht, und Rußland war eine Sache für sich. Was nach 1918 allein ins Gewicht fiel, war demnach Amerika als der eigentliche Sieger und Deutschland als der eigentliche Verlierer – allerdings nur bezogen auf Amerika. So schmerzlich die Niederlage daher auch sein mochte, sie erlaubte dem deutschen Selbstverständnis, sich mit Blick auf die USA als die einzige europäische Gegenmacht, als einzigen Kombattanten in einem künftigen europäisch-amerikanischen Duell, auch als einzigen legitimen Sprecher Europas im transatlantischen Dialog zu imaginieren. Wie dabei aus der Unterlegenheit gegenüber den USA, ganz anders als in der Vorkriegsrhetorik, der *moralische* Führungsanspruch innerhalb Europas abgeleitet wurde, läßt sich an Sätzen wie diesem ablesen: »Militärisch, politisch, wirtschaftlich hat Deutschland den Krieg verloren. Die europäischen Gegner Deutschlands aber haben

Der Kriegseintritt der USA 1917 machte die europäischen Gegner mit einem Schlag zu Schattenmächten – das »amerikanische Jahrhundert« begann.

nicht für sich und ihren Weltteil, sondern für die Ausbreitung der Volkswirtschaft der *United States* gekämpft und gesiegt.« Oder: »Die Neue Welt hat in uns ganz Europa besiegt.« (Eugen Rosenstock)

Zur moralischen kam die militärische und finanzielle Überlegenheit und Unabhängigkeit Deutschlands. Statt wie die Entente auf amerikanischen Pump, hatte es den Krieg aus eigener Kraft geführt. Mit Genugtuung konnte es, auch wenn es nun selber in Inflation versank, zusehen, wie Amerika seinen ehemaligen Verbündeten kalt die Rechnung präsentierte. »Das ist die schrecklichste Form der Niederlage, die als Waffenbrüderschaft kommt«, bemerkte Hans von Hentig dazu nicht ohne Schadenfreude. »Die deutsche Drohung ist durch die amerikanische Knechtschaft abgewendet.«

Zu solchen Einsichten kam es übrigens nicht nur in Deutschland, sondern ebenso in Frankreich. Selbst dort, wo Deutschland den Siegern am hilflosesten ausgeliefert schien, in der Frage der Reparationen, konnte es sich zusammen mit den USA als Subjekt, die Reparationsempfänger dagegen als Objekte sehen. Mußten diese von Deutschland denn nicht erst holen, was sie an die USA zurückzuzahlen hatten, auch wenn sie dies mit der optimistischen Formel »l'Allemagne payera« zu verschleiern suchten? Waren sie am Ende nicht Opfer eines neuen, diesmal finanziellen Zweifrontenkrieges, oder, drastischer noch, eingezwängt zwischen den zwei Mühlsteinen Amerika und Deutschland?

So offenkundig Vorstellungen dieser Art Kompensation für die tatsächliche deutsche Ohnmacht waren, sie erfaßten doch mit der uns nun schon vertrauten Schärfe des Verliererblicks die Schwachstellen der Sieger. Für England, das den Krieg physisch unberührt überstanden hatte, war die Aufgabe, sich gegenüber Amerika neu zu definieren, verhältnismäßig einfach: Das *Mutter*land der ehemaligen Kolonie konnte sich ohne große Anstrengung als *väterliche* Autorität über den traditionsarmen, nicht sehr kultivierten, doch zweifelsohne erfolgreichen Abkömmling sehen. Frankreich, vom Krieg beträchtlich in Mitleidenschaft gezogen, stand diese Möglichkeit nicht offen. Hinzu kam, daß der Kriegsverlauf der über vierzig Jahre lang gepflegten Erwartung der *Revanche* sowenig entsprach. Die Idee der Revanche implizierte die Niederringung Deutschlands im Duellkrieg; was hingegen geschehen war, war das bloße Mitsiegen in einer Koalition, die ihrerseits nur auf amerikanischen Schultern zu triumphieren vermochte. Das Bild, in dem Frankreich diese Verlegenheit auflöste und zugleich sein Verhältnis zu Amerika definierte, war das der um ihrer selbst willen *Geliebten*. Nicht aus nationalem Eigeninteresse traten die USA 1917 in den Krieg ein, sondern weil sie das Frankreich der Menschenrechte, der Revolution und der »Civilisation« verehrten. Sie waren der junge Held, der Marianne vor dem deutschen Vergewaltiger (erinnert sei an das von Juliette Adam geprägte Wort: Bismarck, *le monstre*) rettete. Als Geliebte aber gab es für Frankreich keinen Anlaß, in der amerikanischen Hilfe eine Beschneidung der eigenen Unabhängigkeit zu sehen, zumal sie als späte Gegenleistung für die französische Unterstützung der amerikanischen Unabhängigkeit 1776 verstanden werden konnte: General Pershing als die amerikanische »Revanche« für Lafayette. Das allerdings war auch das Ende der Romanze. In »Les Américains chez nous«, einem Erfolgsstück von Eugène

Brieux, richten sich die Feuerwehrleute, nachdem sie den Brand gelöscht haben, unbeeindruckt von der Gegenwart des Hausherrn, in dessen Wohnzimmer ein.

Das neue Machtgebilde Amerika kam 1918 schwerlich als Überraschung, jedenfalls nicht für den, der die weltpolitische Entwicklung seit der Jahrhundertwende verfolgt hatte. Politisch-militärisch stellten die USA nach ihrem Blitzsieg gegen Spanien im Jahre 1898 als erste außereuropäische Weltmacht das europäische Monopol in Frage. Doch damit nicht genug: Die USA traten in die Weltpolitik nicht bloß als eine weitere Militärmacht ein, im Gegenteil, dieser Aspekt war, wie ihre kleine Freiwilligenarmee verdeutlichte, sogar eine Nebensache; ihre Position ähnelte mehr der Großbritanniens hundert Jahre zuvor: Beider Macht war nicht, oder nur sekundär, auf Streitkräfte gegründet, sondern auf neuartige Methoden in Wirtschaft und Technik, und wie das englische Industrieweltmonopol um 1800 aus der ersten, so folgte die um 1900 sich abzeichnende Weltherrschaft der USA aus der zweiten Industriellen Revolution.

In diesen Jahren vollzog sich der Wandel vom alten europäischen Amerikabild der Indianer, der Waldläufer, der Naturwildnis und des leeren Raumes, der die Verfolgten und Beladenen der Alten Welt aufnahm, hin zur neuen Ikonographie der Wolkenkratzer, der Automobilströme, Schlachthöfe, Kühlschränke, Grammophone, Telefone, Nähmaschinen und Staubsauger, der Fließbandanlagen, die täglich, nein stündlich tausend Produkte desselben Typs ausspieen, und der Dollarmilliardäre, die dies alles lenkten und leiteten. Um 1900 gehörten James F. Coopers Lederstrumpf-Serie und Melvilles ›Moby Dick‹ zur nostalgischen Amerikaliteratur Europas. Was galt und zählte, auch in den Auflagehöhen, waren die Romane Upton Sinclairs. Gleichzeitig wurde die von europäischen Kommentatoren über diese brandneue Neue Welt geschriebene Literatur gelesen, wobei die Titel der Bücher und Artikel mit dem Adjektiv »amerikanisch« häufig eines der folgenden Worte verbanden: Energie, Herausforderung, Weltmacht, Gefahr, Zukunft. Und wie die Neologismen »Amerikanisierung«

und »Amerikanismus« Teil der Umgangssprache zu werden begannen, hörte das Wort »amerikanisch« auf, bloß als Adjektiv zu Amerika verwendet zu werden. Immer häufiger nahm es die Bedeutung an von: materialistisch, neureich, unkultiviert, maß- und geschmacklos.

Während die allgemeine Kulturkritik über die Oberfläche des neuen Amerikabildes nicht hinausdrang, oder, wenn sie es versuchte, jenseits des bereits von Tocqueville Gesagten nichts zu entdecken vermochte, regte sich in den für Wirtschaft und Technik zuständigen Kreisen Europas ein intensives Fachinteresse an den Methoden, die man hinter dem plötzlichen Großen Sprung vermutete. Ermittelt wurde besonders die mit dem Namen Frederick W. Taylor verbundene Produktionsorganisation des »Scientific Management«, auch Taylorismus genannt. Dabei ist die Faszination, die Taylor auf die europäischen Ingenieure und Unternehmer der Jahrhundertwende ausübte, schwer zu überschätzen, und wenn man ihn den Darwin der Arbeitsorganisation genannt hat, der die historische Leistung der »Trennung von Denken und Arbeiten« (Lothar Burchardt) vollbrachte, so traf das nur die eine Hälfte seiner Errungenschaften. Denn tatsächlich versetzte er sämtliche Faktoren des Produktionsprozesses, Arbeit, Maschine, Material und Intellekt (Organisation), in den neuen Zusammenhang des Produktions*flusses* oder, wie es bald heißen würde, der *Fließ*produktion. Und als dieses Stadium einmal erreicht war, gab es für die Steigerung dessen, was die Techniker den »Wirkungsgrad« und die Ökonomen die »Produktivität« nannten, keine natürliche Grenze mehr. Das Gespenst der Massenproduktion und ihrer Zwillingsschwester, der Massenkonsumtion, dessen Europa um 1900 gewahr wurde, traf hier auf verschiedene nationale Dispositionen.

England und Frankreich erschien die deutsche Herausforderung näher und dringlicher als die transatlantische. Sofern das britische Empire seine Stellung überhaupt als von Westen her bedroht empfand, hatte es bereits Vorsorge getroffen, um sich mit der neuen Macht gut zu stellen, und aus traditioneller Gegner-

schaft und Antipathie war im Zuge dieses Prozesses seit 1865 die imperialistisch-rassistisch-sentimentale Union der angelsächsischen Vettern gegen Germanen, Romanen und Slawen geworden. So dachte damals niemand an eine Entwicklung, die Großbritannien zum Juniorpartner und europäischen Brückenkopf der USA reduzieren würde. Statt dessen konnte um 1900 in London noch die umgekehrte Vorstellung kultiviert werden: England das Gehirn und der Wille, die USA die Werkbank.

Das Gespenst der Massenproduktion und Massenkonsumtion, dessen Europa um 1900 gewahr wurde, führte man auf die allgemeine »Amerikanisierung« zurück.

Für Frankreich war angesichts der deutschen Gefahr alles Amerikanische sekundär. Schon früh wurden die USA, wie endgültig ab 1917, als eine Macht gesehen, die weniger Frankreich bedrohte, als daß sie sich in den Dienst des Kampfes gegen Deutschland stellen ließ. Bezeichnend war, daß die Titel der französischen Deutschlandbücher (›La force allemande‹, ›Le menace allemande‹, ›Le danger allemand‹, ›L'impérialisme allemand‹, ›L'expansion allemande‹) ähnlich lauteten wie die der deutschen Bücher über Amerika. Im übrigen gab es wenig Grund, sich von Amerika bedroht zu fühlen, da man sich wohl bewußt war, welches Ansehen französischer Geist, französische Kultur und Lebensart in den herrschenden amerikanischen Kreisen von Harvard bis zur Wall Street genossen, und wie wenig die neudeutsche Art dort geschätzt wurde.

Im Gegensatz zu dieser verhaltenen, fast desinteressierten Wahrnehmung war die deutsche Reaktion eine Mischung aus unmittelbarer Betroffenheit und aktivem Interesse, am besten charakterisiert mit dem Wort *Tua res agitur.* Nicht, daß das kulturelle Selbstvertrauen gegenüber den USA geringer gewesen wäre als in England und Frankreich: Dem deutschen Verständnis von *Kultur* gemäß waren alle drei Westmächte bloß Zivilisation und der Unterschied zwischen diesseits und jenseits des Atlantiks lediglich graduell. Dennoch gab es ein starkes Bewußtsein vom *Sonderverhältnis* Deutschlands zu Amerika, das sich von den Vorstellungen der Engländer und Franzosen, die ja für ihre Nationen ihrerseits eine transatlantische Sonderbeziehung beanspruchten, grundsätzlich unterschied. Nur die wichtigsten Komponenten seien hier genannt: erstens der deutsche Bevölkerungsanteil in den USA, nach dem englischen der größte und seit den 1890er Jahren die demographische Basis für die deutsche Phantasmagorie, den Konkurrenten England in Amerika zu schlagen. Zweitens die Gemeinsamkeiten in der jüngeren Geschichte: Wie die Union im Sezessionskrieg, und fast zur gleichen Zeit, hatte Preußen im Krieg gegen Österreich die nationale Einheit hergestellt, und im Gegensatz zu England und Frankreich, die mit dem amerikanischen Süden sympathisiert hatten, klar auf der Seite des Nordens gestanden. Karl Schurz war der deutsche Lafayette. Drittens die Gleichzeitigkeit des Eintritts beider Länder als »Spätankömmlinge« in den Kreis der Industrienationen, des Welthandels und der Weltpolitik. Beide waren »junge energische Firmen, die sich ihre Stelle erst noch zu erobern haben« gegen die »zwei alten Handelshäuser [England und Frankreich, W. S.], deren Betrieb nur allmählich etwas altmodisch geworden ist.« (Siegmund Hellmann)

Dem Gefühl der Verwandtschaft in Alter und Schicksal stand, wie in jedem Verhältnis brüderlicher Art, der Unterscheidungs- und Konkurrenztrieb gegenüber. Er äußerte sich darin, daß man das Werk Taylors seinem Wesen nach für nicht amerikanisch, sondern deutsch halten wollte, wie etwa der Wirtschaftstheoretiker Wichard von Moellendorff 1914 in seinem Aufsatz ›Germanische Lehren aus Amerika‹, oder im amerikanischen Wolkenkratzer zwar die technische Höchstleistung, aber erst im deutschen »Turmhaus« die kulturelle Vollendung der Technik sah. Auch Deutschland, genauer die deutsche Technik, definierte sich den USA gegenüber als kulturell überlegen. Doch unterschied sich dieser Anspruch vom englisch-französischen »Kulturangebot« darin, daß er sich nicht auf die traditionelle Hochkultur beschränkte, sondern gerade auf das zielte, was an Amerika am amerikanischsten war. Begnügten sich England und Frankreich in ihrem Verhältnis zu Amerika weise damit, Modelle für und Lieferanten von Hoch- und Luxuskultur (Kunst, Literatur, Mode, Tradition) zu sein, so trat Deutschland forsch als Konkurrent im Bereich der Technik- und Industriekultur auf. Das blieb nicht ohne Folgen, weder für das deutsch-amerikanische Verhältnis noch für das deutsche Selbstverständnis. Letzteres oszillierte seit 1900 zwischen den beiden Polen »amerikanische Technik« und »deutsche Kultur«, ohne die ersehnte Synthese »deutsche Technikkultur« zustande zu bringen. So galt Berlin schon lange vor dem manifesten Amerikanismus der zwanziger Jahre als die amerikanischste Metropole Europas, und dies nicht nur wegen seines erhöhten Lebens- und Verkehrstempos infolge der fortgeschrittenen Elektrifizierung, der Stadtbahn, der Rohrpost und anderer technischer Errungenschaften. Was europäischen Besuchern von »Parvenüpolis« und »Chicago an der Spree« als »amerika-

nische« Maßlosigkeit, Stillosigkeit und »Stillosigkeit als Stil« (Hermann Ullmann) auffiel, waren die ersten Anzeichen amerikanischer Massenkultur auf europäischem Boden, wie etwa das Großrestaurant »Rheingold«, in dessen neugotischen und orientalischen Sälen, wie der aus Paris angereiste Jules Huret 1909 mit Staunen sah, gleichzeitig 4.000 Menschen zu einem konkurrenzlos niedrigen Preis abgefüttert werden konnten.

In den zwanziger Jahren gab die amerikanische Massenkultur Europa ein neues Gesicht – auch der Charleston feierte Triumphe.

Der deutschen Kulturkritik vor 1914 war dieser weithin sichtbare Berliner Amerikanismus um so peinlicher, als sie ihn nicht bloß an Orten wie dem »Rheingold«, sondern in der gesamten Kultur des Wilhelminismus bis hin zur Selbstinszenierung des Kaisers am Werk sah. Dennoch befürworteten nur die wenigsten eine Rückkehr zu den beschaulichen Verhältnissen vor der Reichsgründung; die meisten hielten den 1890 eingeschlagenen Weg zur Weltmacht für den einzig richtigen. Dabei stellt sich die Frage, ob die Elite des *kulturell* antiwilhelminischen Wilhelminismus – liberale Imperialisten-Intellektuelle wie Max Weber, Walther Rathenau, Friedrich Naumann oder Paul Rohrbach – sich bewußt war, daß der Weg zur Weltmacht nur mit amerikanischen Methoden zurückgelegt werden konnte, daß aber beides zusammen – neue Weltmacht und alte Kultur – nicht möglich war. Doch das ist ein anderes Thema.

Fassen wir zusammen: So unüberhörbar die neue Wirtschaftsweltmacht Amerika seit der Jahrhundertwende auch in Europa rumorte, all das blieb doch ein fernes Beben, das nur Fachleute aus Wirtschaft und Technik aufmerksam registrierten. Öffentlichkeit und Politik waren noch ganz auf europäische Frequenzen eingestellt, und selbst dort, wo Amerikanisches sich, wie in Berlin, in nicht mehr zu ignorierender Kraßheit zeigte, wurde es weniger als Bedrohung denn als neueste Gestalt der deutschen Gefahr erlebt, die allein zählte. War Amerika ein Geschehen, das bis zum Kriegseintritt 1917 in Europa nur schemenhaft, wie durch einen halbtransparenten Vorhang, zur Kenntnis genommen wurde, so entfiel 1918 mit dem Vorhang – Deutschland – diese Verhüllung. Amerika wurde nicht nur voll sichtbar und präsent, es ergoß sich gleichsam in den Zuschauerraum als Warenstrom, Kapitalstrom, Touristenstrom, Modestrom, Jazz-, Girl- und Kinostrom, kurz: in der Flut der amerikanischen Massenkultur, die sich in den zwanziger Jahren über Europa ausbreitete. Kaum erwacht aus dem Alptraum des Weltkriegs, suchten die Europäer ihr Heil in der amerikanischen Traummaschine, ja man möchte fast von einem Aufsaugen der durch Krieg und Zusammenbruch frei gewordenen moralischen und hedonistischen Energien durch die »Erlösungsformel Amerika« sprechen. Was übrigblieb, wurde von der »Utopie Rußland« absorbiert. Vollkommen unberührt von diesem Gezeitenwechsel blieb die politische Sphäre. Begünstigt durch den Rückzug der USA in den politischen Isolationismus, konnte das europäische Konzert noch einmal in Eigenregie aufgenommen und weitergeführt werden. So kam es zum

Replay der Vorkriegszeit: hier der Versuch, Deutschland europäisch zu binden, dort der Gegenversuch, Europa von Berlin aus zu kontrollieren.

Pressestimmen

»Dem Meister kulturgeschichtlicher Forschung gelingt hier wieder eine herausragende Leistung: Die genau recherchierten Quellen werden in einen spannend-narrativen Duktus gebracht.«
›Die Zeit‹ über ›Vor dem Vorhang. Das geistige Berlin 1945–1948‹

»Dieses Buch liest sich spannend wie ein Kriminalroman. Der Genuß des Lesens, des Mitdenkens führt allerdings zu einer Enttäuschung: Plötzlich hört das Buch auf. Es hätte gut zwei-, ja dreimal so lang sein dürfen.«
›Die Zeit‹ über ›Lichtblicke. Zur Geschichte der künstlichen Helligkeit im 19. Jahrhundert‹

»Ein blitzgescheites Buch, das die Genußmittel und ihre soziale Symbolik ständig auf den größeren zivilisatorischen Gesamtzusammenhang projiziert.«
›Süddeutsche Zeitung‹ über ›Das Paradies, der Geschmack und die Vernunft. Eine Geschichte der Genußmittel‹

Willi Winkler

Bob Dylan

Ein Leben

Bob Dylan hat die Folkmusik überlebt und dann die Pfiffe in Newport, 1965, als er die elektrische Gitarre einstöpselte; einen mysteriösen Motorradunfall und das triumphale Comeback. Er hat mit Elvis und Buddy Holly angefangen – und spielt immer noch. In seinem Buch, das zum 60. Geburtstag des Meisters erscheint, erzählt Willi Winkler ein außergewöhnliches Leben.

»Youdontneedaweathermantoknowwhichwaythewindblows!«

Bob Dylan

208 Seiten mit 100 Abbildungen. Gebunden
ISBN 3-8286-0077-8

Georg Klein
Barbar Rosa
Eine Detektivgeschichte

»›Barbar Rosa‹ ist ein Roman, der einer Schlange gleicht: giftig, gefährlich, tückisch, schnell. Und zugleich sind dieses Buch und seine Sprache von großer Schönheit, hoher Anmut, Beweglichkeit und Eleganz. Unter den deutschen Autoren der Gegenwart ist Georg Klein zur Zeit die schillerndste Figur, und mit seinem dritten Buch erweist er sich endgültig als Meister der Metamorphose. Ein großer Roman.«

Hubert Spiegel, ›Frankfurter Allgemeine Zeitung‹

200 Seiten. Gebunden
ISBN 3-8286-0134-0

Bildnachweis

Andreas Böttcher 4, 94
Basso Cannarsa 4, 66
Erich Comeriner 25
Peter Eckert 60
Alexander Fest Verlag 4, 144
Privatarchiv Joachim Fest 104, 106
Robert Gernhardt 143
Verlag St. Gertrude 100
Vilhelm Hammershøi 85, 88
Thomas Hintner 4, 130
Privatarchiv Lamme Janssen 98
Kristina Jentzsch 4
Cindy Lee Johnson 4, 6
Privatarchiv Elga Kavvadias 4, 34
André Kertész / Ministère de la Culture-France 70
Kristina Krombholz 75
Jürgen Liepe 128
Jonas Maron 30
photonica / Andrew Cleverley 14
photonica / Melissa Hayden 27
photonica / Ross Rappaport 11
Bildarchiv Preußischer Kulturbesitz 124
Uta Rauscher 108
Marianne Romisch 4, 118
Hans Saebens 57
SAL 4, 50
Ulrike Schieder 41
Stefan Siegert 110, 111, 112/113, 115, 116, 117
Emmanuel Sougez 55
Süddeutscher Verlag – Bilderdienst 127
Ullstein Bild 152, 155
F.K. Waechter 135, 136
Bengt Wanselius 4, 80
Hein Wenzel 37, 46
Verena Winkelmann 4, 20

Alle Texte erscheinen in gekürzter Form

Buchgestaltung: (S) sans serif, Berlin
Einband unter Verwendung eines Photos von photonica / Melissa Hayden
Reproduktionen: Mega-Satz-Service, Berlin
Druck und Bindung: Clausen & Bosse, Leck
ISBN 3-8286-9004-1